仙台の杜カフェ海カフェ

阿部和美

はじめに

車にのって 電車にゆられて
目指すのは美味しいコーヒー
カフェに行くだけの小旅行

ゆったりした気持ちになれる
自分の時間を過ごすもよし

気心の知れた友人と
楽しい時間をシェアするもよし

カフェがあるのは仙台の街中だけじゃない
みやぎの山にも海にも
心癒されるカフェがたくさんありました

そのカフェでしか飲めない至福の一杯を
珠玉のストーリーとともに
どうぞ召し上がれ

目次

仙台松島 SENDAI-MATSUSHIMA

三陸 SANRIKU

県南 KEN-NAN

県北 KEN-POKU

SENDAI-MATSUSHIMA
仙台松島

SENDAI-MATSUSHIMA
仙台松島

Nagi's Cake Shop Sugar

ナギーズ ケーキショップ シュガー

HAPPYが詰まった
夢のアメリカなケーキショップ

住宅街の中に突然現れるレモン色の建物、ステンドグラスがはまった真っ青なドアの向こうには、市松模様の床、ストライプの壁、アメリカの家電広告……そこは1950年代のアメリカンダイナーだった。店の奥に置かれたショーケースに並ぶケーキはどれもカラフルでポップで、カートゥーンアニメに出てきそうだ。これらのケーキを一人で作っているのは店長の岡崎渚さん。実は私の兄の同級生。仙台は本当に世間が狭い。彼女は、田畑にかこまれた田舎の小中学校を出たとは思えないほど、クリエイティビティーにあふれている。店内を飾る数々のステンドグラスを生み出している、ステンドグラス作家である母、笑莉《えみり》さんの影響かも知れない。

カウンターに座り、ハンドドリッ

プで淹れたコーヒーとケーキをいただく。「濃いめのコーヒー好きだから」という理由でアメリカンではない。実際、甘いケーキと一緒に食べると……なるほどちょうどよい按配。ハート型のチョコで飾られたチョコバナナカスタードタルトの濃厚なクリームは、アメリカ留学していた頃、バスを乗り継いで郊外の超大型スーパーに行き、1ホール6ドルのクリームパイを買って、一人で食べるのが最高に幸せだったことを思い出させた。いや、むしろ、現地で食べたそれより、こちらのほうがずっと可愛らしくて美味しい。

「実は渡米したことなんてなくて、全部アメリカへの憧れと妄想で作ってるの」と聞いて驚いた。少女だった頃、洋楽好きの友人の影響で、アメリカのロカビリースタイルの虜

になった。「中学の頃に部屋や電話機をアメリカンスタイルにしたくて、ペンキで塗って怒られた」。それから約20年。大好きなものをすべてこの場所に再現したのだ。とはいえ、アメリカのケーキでおなじみの食紅で色付けした派手なケーキを真似ることはない。昭和のショートケーキを彷彿とさせるシンプルな味わいで、年配のご近所さんに人気だ。最近はそのフォトジェニックな見た目から、インスタグラムに載せるためにケーキを買いに訪れる若い女性も多い。コンビニでもスイーツが買える今の時代だからこそ「一口で食べ終わっちゃうような、頼りないケーキは嫌、どうせ食べるならずっしり食べた！って思えるものを作っています」。

気取らずムシャムシャ頬張れるシュガーのケーキ。「食べてハッピー

MENU
デイジー＊レアチーズケーキ　390円
チョコバナナカスタードタルト　561円
ホットコーヒー　324円
ブルースカイソーダ　421円

住所　〒983-0006 仙台市宮城野区白鳥2-8-8
電話　022-254-4715
営業　10:00〜18:00（売り切れの場合は閉店する場合あり）
　　　火・水曜定休（臨時休業あり）
Ⓟ5台
MAP　P138Ⓘ、P139Ⓘ

になるケーキ」そのものだ。疲れたらまた、渚さんの味に甘えにこよう。

SENDAI-MATSUSHIMA
仙台松島

HARI SUN CAFE

ハリサンカフェ

浪の音が聞こえてきそうな 国道沿いのカルフォルニア

国道45号線沿い、多賀城と塩竈のちょうど境に「ハリサンカフェ」はある。国道と側道に挟まれた三角州に建つ真っ青な建物。白い扉を開けるとドラムセットが鎮座するステージ、真っ青な壁にウクレレが並び、サーフボードが宙を舞う。まさに、ハリウッド映画に出てきそうな、カルフォルニア海岸沿いのカフェバーのようだ。塩竈生まれで、外国に船を届ける仕事をしていた父親の影響か、小さい頃から海外が好きだったオーナーの鈴木はりこさん。高校の短期留学で行ったカルフォルニアにすっかり魅了されてしまったそうだ。「お店やるなら好きなものに囲まれていたいから」と、内装は創意工夫を凝らして作られている。ライブステージの後ろに目をやると、それが大きな卵のパックだということに気がつく。

MENU
HARI SUN オリジナルブレンド　440円
カフェオレ（ICE・HOT）　495円
※旬の活魚によるメニューも

住所　〒985-0835 多賀城市下馬5-3-2
電話　022-367-0516
営業　火〜金　18:00〜24:00
　　　土・日　11:30〜24:00
　　　月曜定休
Ⓟ5台
MAP　P138②、P139②

「防音効果があるって聞いて、青く塗って貼ってみたのよ。他の所もみーんなお客さんに手伝ってもらって手作りしたの」と、開店準備当時を目を細めて振り返った。こんなロケーションだ。夜は当然、ライブが開催されている。このエリアでは貴重なライブハウスに、地元ミュージシャンやオーディエンスが集う。

旬の魚を刺身に焼き魚にと、注文に応じて作ってくれるサービスが人気。小さい頃から台所に立っていたはりこさんの手料理はどれも絶品。お腹いっぱいになったところで、「海が見えたら良いのにねぇ」と語るはりこさん。深煎りの苦味と甘味を感じるハリサンブレンドコーヒーを手に窓の外に目をやると、海面を滑るヨットのようにトラックが国道を走り抜けていった。

SENDAI-MATSUSHIMA
仙台松島

Cafe珈琲のすゞき

ステンドグラスで彩られた 美味しい魔法がかかった喫茶店

真っ赤な薔薇が窓を覆っていて、店の中が見えない。ドキドキしながらステンドグラスで飾られたドアを引くと、開かない。押しても開かない。するとドアが横にスライドして「これね、引き戸なのよ」と笑顔でスタッフの鈴木るり子さんが招き入れてくれた。

カメラマン故に、店内に飾ってあるフイルムカメラにどうしても目が行ってしまうのだが「カメラ好きの友達が捨てるのは忍びないから店に置かせてくれないかって」と、るり子さんが説明してくれた。フォトフェスティバルが開催される時期にはカメラを下げたお客さんが東京からも来るそうだ。

メニューを見ながら、お冷を口に運ぶと微かにマンゴーの香りがして思わず頬が緩む。ジャズの枯葉が流

MENU
すゞきオリジナルブレンド　450円
ICEコーヒー　470円
コーヒーゼリーパフェ　580円
日替わりシチューランチ　1100円

住所　〒985-0033 塩竈市桜ケ丘3-16
電話　022-366-1566
営業　11:00〜16:00
　　　火〜金曜のみ営業
Ⓟ5〜6台
MAP　P138③、P139③

れてきたのと同時にコーヒーゼリーパフェが運ばれてきた。パフェのてっぺんにのっているミントの葉は裏の産毛がとても多い。「どこから仕入れてるんですか」と尋ねると「ウチで育ててるのよ」とるり子さんが笑顔で答えてくれた。

　コーヒーゼリーももちろん自家製。コクがあるゼリーのその上のアイスの中には、小さいコーヒーゼリーが隠れていて、クニクニした食感が楽しい。パフェで冷たくなった口の中を温めてくれるのは、自慢の「すゞきブレンド」だ。

「味はもちろんだけど、何よりお店の人が良いから来るんだよ」という常連さんがいる。るり子さんを中心に、人のつながりが輝きはじめる。優しい魔法にかかる、あたたかいカフェだ。

SENDAI-MATSUSHIMA
仙台松島

旧ゑびや旅館
カフェはれま

解体の危機という暗雲を
乗り越えて見えた晴れ間

着物姿の店長菊池千尋さんの案内で席に座り、辺りを見回すとレジ横の招き猫と目が合った。他にも、猫の置物が多数。「家で猫7匹飼っていて。最初は猫カフェをやろうと思ったくらい」と千尋さんが語り始めた。

明治初期に建てられ、明治天皇や大隈重信らが東北巡幸で宿泊した木造三階建ての「旧ゑびや旅館」。震災後、解体される寸前のところで「NPOみなとしほがま」が建物を買い取り、2013年から保存活動としてお掃除会を開始した。千尋さんも、その活動に参加。

「お掃除会で『カフェをやりたい』って話しているうちに『じゃあ、ここをコミュニティーカフェにしようよ』って、話がトントン拍子に進んだの」と千尋さん。「雲が垂れ込め

てる場所を、照らす晴れ間になりたい」とその名を「はれま」とした。
カフェに置かれた調度品の一部は、通販の大手「フェリシモ」が東北を支援する募金の助成金を使って購入したものだ。震災への募金が、使われた場所を見ることは少ない。フェリシモが販売している猫型マシュマロが、時々カフェで提供されていて、そこに、支援と感謝の優しい関係が見えた。
珈琲豆は楓屋珈琲のブレンドを取り寄せているが、それ以外のメニューのほとんどは自家製。また、甘酒の麹を近所の麹屋さんから仕入れるなど、地元の食材を使い、厨房では、同じ会社で働いていたパン好きの後輩たちがシフォンケーキを焼いている。
千尋さんの地元は隣市の多賀城だが「塩竈が面白くて仕方ない」と言う。

平安時代に遠浅の海岸を埋め立てた塩竈は、遠くて美しい場所という意味を持っており、古来から人々を魅了してきた。「震災後に寂れてしまったシャッター街を、本来の姿に戻したい」と、千尋さんは常にアンテナを立てて策を考えてきた。電車の中で観光客が「お土産で買って帰れるものがあれば良いのにね」と話していたのを聞いて、まゆ玉を使った塩竈桜のお土産品を販売すると好評を得た。味見をしてもらいたいと同じ商店街のお菓子屋さんのお菓子も提供している。さらに、観光客に向けたライブイベントや苔玉のワークショップを行なっているが、今後は近所のお母さんたちを集める仕掛けを考え中だ。

目指していたコミュニティーカフェが実現する頃、この商店街にはき

っと、さわやかな晴れ間と人と人との笑顔の輪が広がっているだろう。

MENU
コーヒー　480円
自家製甘酒らて　450円
しゅわしゅわしょうが　500円
抹茶シフォンケーキ　600円

住所　〒985-0052 塩竈市本町3-9
電話　090-4557-1671
営業　11:00〜17:00(L.O.)
(11〜2月 L.O. 16:30)
水・木曜定休　他不定休
Ⓟなし
MAP　P138④、P139④

SENDAI-MATSUSHIMA
仙台松島

cafe JIRO

カフェジロー

喫茶店から写真館、そしてカフェ
今と昔をつなぐかわいい看板

ティファニーブルーの扉をあけると広い空間に大きなテーブルが並んでいた。かつて写真スタジオだったことを物語るのは、一脚の撮影用の椅子だけだ。

昔、石巻に「ジロー」という喫茶店があった。常連だった寿美子さんが喫茶店のママから「継がない？」と訊かれたが大学在学中だったことを理由に断ると、大学を卒業したばかりの手代木《てしろぎ》政広《まさひろ》さんが「じゃあ俺がやる」と手を挙げた。全く飲食店経験のない政広さんに、いろはを教えたのが、この店のことをよく知る寿美子さんだった。やがて二人は結婚。政広さんが実家の写真館を継ぐため一度はその看板を下ろしたが、震災でカメラやスタジオの機材が海水に浸かってしまい、写真館を改築してカフェとして再スタートさせること

にした。「ジロー」は、ここ松島で蘇ったのだ。

食べ物は政広さん、ケーキとコーヒーは寿美子さんの担当。カフェを再開する際に「何か目玉になる料理があった方がいいよね」と、政広さんが選んだのがピザ。二人でピザ屋を何軒もめぐり、研究を重ねた。メニューの中で、目に止まったのが「テシロギさんちの健康ジュース」。「実は芸能人がテレビで青汁を飲んでるのを見て、子供たちに、青汁入りのオリジナル健康ジュースを飲ませるようになって、それがメニューになったの」と、寿美子さんが朗らかに笑いながら教えてくれた。青臭くなく、さらっとしていて飲みやすい。もう一つ気になったのが「ひろしくんのミルクセーキ」。メニューに載っていないのに「ミルクセーキをく

ださい」と注文してきた中年男性がいた。彼は、石巻にあった初代「ジロー」でいつもミルクセーキを注文していた小学生のひろし君。それからミルクセーキがレギュラーメニューに加わった。このひろし君のように、初代「ジロー」の常連客も、変わらない看板のキャラクターを頼りに、二代目「ジロー」を探し当て、常連に返り咲くという。

取材の途中で、二人が毎年一枚一枚、暗室で印画紙に焼いていた年賀状を見せてくれた。最初は手代木さん夫婦二人だった写真が、年を重ねると子供たちが増え、そして一人また一人と巣立って行って、また二人に戻る。そんな家族の物語が凝縮された写真たち。これがきっと写真が担う本来の役割なのだろう。同じカメラマンとして胸を打たれ、目頭が

MENU
ブレンドコーヒー　400円
テシロギさんちの健康ジュース　500円
ひろしくんのミルクセーキ　500円
マルゲリータ(L)　800円
ケーキセット　650円

住所　〒981-0213 宮城郡松島町松島字垣ノ内13-2
電話　090-3124-4561
営業　7:30〜18:00
木・日曜定休
Ⓟ9台
MAP　P138⑤、P139⑤

熱くなった。

そして、「ジロー」もまた、常連さんやその家族の物語を紡ぐ場所として、喫茶店の役割を全うしていた。

SENDAI-MATSUSHIMA
仙台松島

Cafe 2438

カフェニシザワ

母と姉妹の好きがカタチになった
3つの顔を持つアットホームカフェ

細い路地がくねくねと続いている。観光地松島から少し離れた場所にある、昔ながらの住宅街。高城駅前の近くにあった大きな酒屋は店主亡き後、3つの顔を持つことになった。1つ目は店主の思いを受け継ぐ小さな酒屋、2つ目は裁縫が得意な妻の洋服お直し屋、そして、3つ目が娘の、渡邊《わたなべ》佳恵《よしえ》さんと西澤《にしざわ》貴恵《きえ》さん姉妹のカフェ。衣食住が同居するなんとも不思議な空間である。

妹・貴恵さんが珈琲担当、姉・佳恵さんがスイーツを担当。ジャカルタで珈琲豆の販売をしている地元の友人から仕入れており、注文が入ってからミルで挽くのが貴恵さんのこだわりだ。佳恵さんは体に優しいケーキを提供したくて、豆乳とおから、豆腐を使ったさっぱり食べられるタルトを作っている。二人とも料理人

MENU
本日のコーヒー（ホット・アイス）　300円
本日の紅茶（ホット・アイス）　300円
日替わりデザート　300円〜
デザートセット　600円〜

住所　〒981-0215 宮城郡松島町高城字町144
電話　022-354-2028
営業　10:30〜17:00
　　　日曜・祝日定休
　　　※イベント出店につき不定休あり
Ⓟなし（コミュニティセンター駐車場利用可）
MAP　P138⑥、P139⑥

の経験は全くなく、趣味をそのまま仕事にしてしまった。

二人とも幼い子供を持つママ。女3人で子供たちの面倒を見ながら、店に立っている。カウンターの横にはキッズスペースがあり、自然とママカフェの役割を担っていた。もちろん、ママだけでなく、酒屋の頃からのお客さんも自然と集まってテーブル席でお茶っこ（注：仙台弁でお茶会の意）を楽しむ。さらに、近所の小中学生も友達同士で集いにやってくる、これが日常。

日祝日はマルシェイベントに出展してタルト以外にもシフォンケーキやケークサレの販売をしている。「いずれ子供が大きくなったらランチもやりたいんです」と話す佳恵さん。子供たちと共に姉妹の夢も大きく育っている。

SENDAI-MATSUSHIMA
仙台松島

Cafe&Bar LYNCH

カフェアンドバーリンチ

映画の世界に没頭できる
映画ファン垂涎の空間

「松島のリンチが超ディープでおすすめですよ」とある人から聞いた。「なんて危なっかしい名前なんだろう……」と思ったが、どうも気になって、堤防沿いの港町に車を走らせた。突然現れたのは、真っ赤な大きな看板と壁。まるでパリのムーランルージュだ。

ドアを開け中に入ると、レトロな店内のどこに目線をやっても往年の映画グッズが所狭しと並び、映画ファンにとって天国のような空間。まさか、こんなディープな場所が松島に隠れているとは思ってもみなかった。

イギリス製の革張りのソファに腰掛けメニューを見ていると、何やら視線を感じて背筋が凍った。映画『シャイニング』のパンフレットに描かれたジャック・ニコルソンがジ

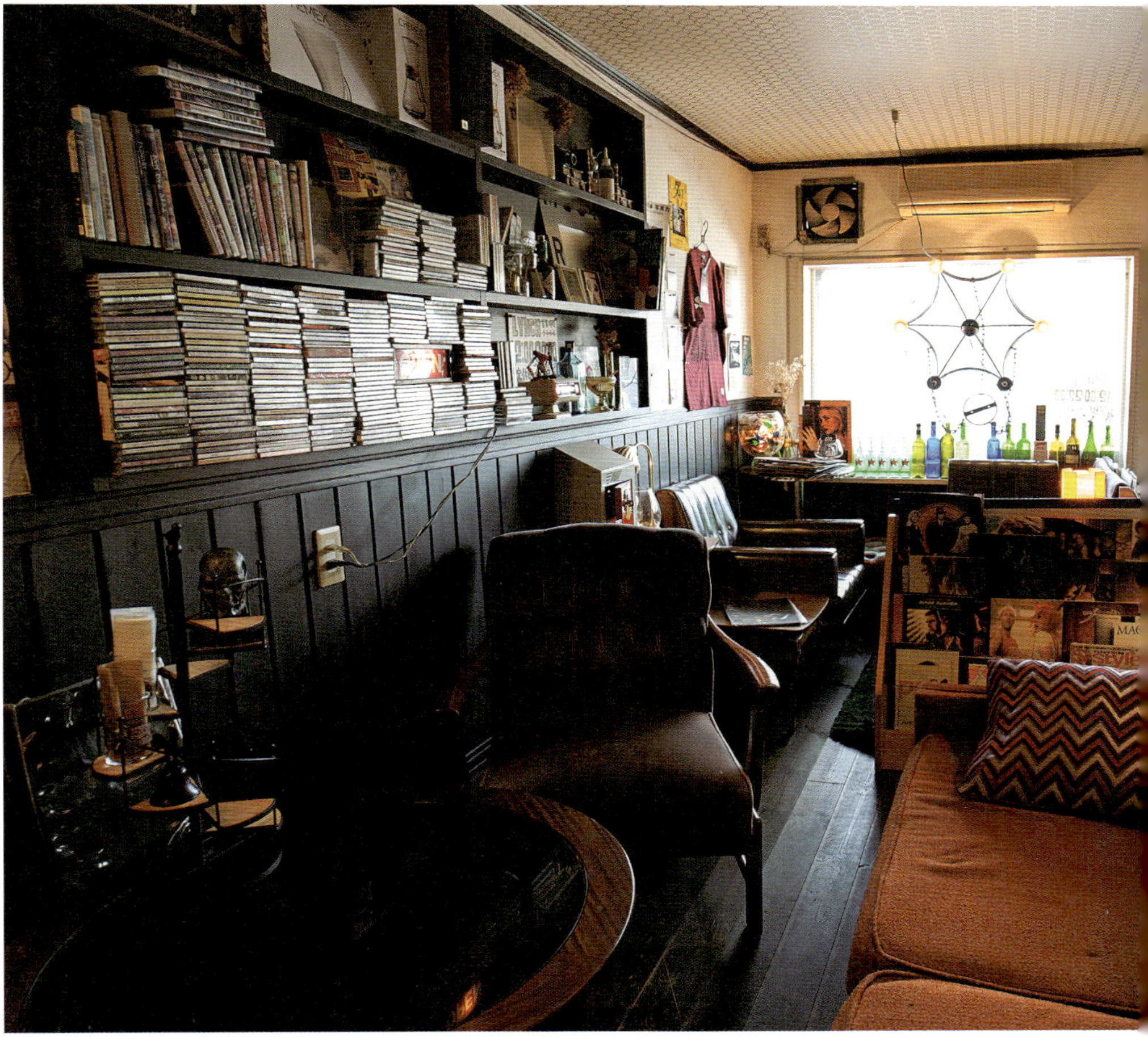

ロリとこっちを見ている。世界中の映画のパンフレットが集められたのかと思うほどのパンフレットの山に目を見張った。
某遊べる本屋での勤務経験を経て、カフェをオープンさせた佐々木しのぶさん。店名の由来について訊いてみると「私の中で4大デヴィットというのがありまして……デヴィッド・リンチ、クローネンバーグ、フィンチャー、そしてデヴィッド・ボウイの4人です。その中でもツイン・ピークスが好きなのでデヴィッド・リンチのリンチを店名にしました。近所の人は読めなくて勝手にリーチとかランチって呼んでますが」という答えが帰ってきた。
「この辺は夕方5時にならないと居酒屋が開かないので、近所の人たちはここを昼間からお酒が飲める変わ

った居酒屋だと思ってますよ」どうやら、思いがけない需要もあるようだ。一番人気のオムライスを注文して、店内を探検する。スター・ウォーズのドロイド、ターミネーターのエンドスケルトン、アメリカ映画でしか見たことのない目覚まし時計は見ているだけでワクワクする。カウンター越しに厨房に立つしのぶさんの姿が目に入った。包丁を扱うその姿はハンニバル・レクター博士に見えなくもない。テーブルにオムライスと珈琲が運ばれてきた。きっと映画ファン同士で来店したら珈琲一杯ではとても足りずに、何時間でも映画の話に花を咲かせ、長居してしまうに違いない。

「いつか24時間耐久映画上映会をここでやりたいんです」と語るしのぶさんが、店内に倉庫として使ってい

MENU
コーヒー(HOT/ICE)　440円
アールグレイ(HOT/ICE)　440円
オムライス　858円
チェリーパイ　660円

住所　〒981-0212 宮城郡松島町磯崎字長田80-121
電話　022-354-3743
営業　13:00～22:00
　　　水曜定休
Ⓟ 3台
MAP　P138⑦、P139⑦

る部屋を見せてくれた。映画への愛がひしひしと伝わってきた。映画ファンならぜひ一度は訪れてほしい。

SENDAI-MATSUSHIMA
仙台松島

自家焙煎コーヒー豆売と喫茶
モカモアコーヒー

赤い屋根の森のおうちで出会う
モカ店長と愉快な仲間たち

こんもりとした山が二つ見える遊歩道を歩いて行くと、木に囲まれた赤い屋根の民家が見える。中に入ると、受付で、金魚のかおしろさんと目が合った。その奥に店長席があるが今日は姿が見えない。お休みかな？と思って覗き込んでみると……。静かに佇み、ビクともしないモカ店長。このカフェの店長犬だ。

「彼は、店長になるための英才教育を受けているので、絶対に吠えたり走り回ったりしないんです」と、オーナー夫婦のしめじさんときのこさん。

店長犬のいるカフェにしたい。モカという名前が似合う子犬を探し、キャバリアの子犬と運命的な出会いを果たした。店のオープンに合わせてしつけ教室に通い、２００９年４月に店長に就任。キャバリアを飼っ

ていた方が同じ犬種に会いたくてやってきたり、中にはペットロスの人がモカ店長に会って、涙を流すこともある。

窓際の席に着くと、気温30℃を越える真夏日だというのに、山から涼しい風が店内に流れ込んできた。本棚には森の図書館に寄付された本がぎっしり入っている。大きな窓の外に広がる庭の花は、夫のしめじさんが担当。窓からは、森と青空しか目に入らず、屋内にいるのに森林浴をしている気分になれる。森にはカモシカ、イノシシ、キツネ、タヌキのほか、希少なアナグマが姿をあらわすことも。「クマは見ませんが気配は感じますね、裏の竹やぶから夜にムシャムシャと筍を食べる音が聞こえました」と、妻のきのこさんがほがらかに笑う。どうやら、動物にと

っても、ここは森の一部のようだ。
「珈琲豆は産地の小規模農園で丁寧に栽培された最高級の生豆を仕入れて、焙煎してすぐの新鮮な豆のみを販売しています」と豆売り担当のしめじさん。喫茶担当のきのこさんとは大学の同級生だ。自然の中の古い家でカフェを開くと決めていたきのこさんは廃墟同然だったこの建物に一目惚れ、ほぼ夫婦二人で一年かけて改修を行った。店に必要なことは全部できるようにとイラストやデザインの勉強までしたというから凄い。開店10周年を記念して、美濃焼きで作ったオリジナルコーヒーカップのイラストもきのこさんが描いたものだ。「建物が古いのでいつまでできるかわかりませんが、ここに来てくれる方がいる限り、おもてなししたいですね」山の麓だが、比較的降雪量が

少ないこともあり冬も休まず営業している。薪ストーブを囲んで、窓の雪景色と美味しい珈琲、スイーツを楽しむ……冬の贅とはまさにこのことだ。

MENU
本日のおすすめコーヒー　480円
ホットカフェオレ　580円
七ツ森スカッシュ　480円
自家製スイーツ　340円〜
ホットサンド　340円〜

住所　〒981-3624 黒川郡大和町宮床字松倉沢77
電話　090-7067-1538
営業　10:00〜17:00ごろ
　　　水・木曜定休(祝日の場合は営業)
Ⓟ1台(他有り・要相談)
MAP　P138⑧、P139⑧

SENDAI-MATSUSHIMA
仙台松島

MONTANA

モンタナ

ヘレナママ自慢のスペアリブが絶品　泉ヶ岳の小さなUSA

普段は遠くに見える泉ヶ岳が今日は目の前に迫っている。車を走らせていると、風になびく星条旗が見えてきた。大きなログハウスの横に1981年製のファイヤーバード・トランザムが停まる、アメリカ家庭料理の店「モンタナ」だ。さて、モンタナと聞いて、どんなイメージを抱くだろうか？　私にとっては高校時代、短期留学で約2カ月滞在した懐かしい場所である。高校卒業後にホームステイしていた家では家政婦がブルガリア人だったために、純粋なアメリカの家庭料理を食べた記憶はない。まさか、地元の仙台でアメリカの家庭料理を食べられるとは思わなかった。

アメリカのラジオが流れる店内にはベースボールキャップのコレクションや、インディアンのウォーボンネットなど、アメリカ雑貨が所狭しと飾ってある。ちょうど、訪れた日はハロウィーンを控えていたので、本物のかぼちゃをくり抜いたジャック・オ・ランタンが飾ってあった。「これねぇ、歯が欠けちゃったんだよねぇ」と、優しい声と共にテンガロンハットにウェスタンブーツというスタイルで現れたパパさん。パパさんはジョン・ウェインの映画『駅馬車』に魅了され、モニュメントバレーで馬に乗ることを夢見ていたそうだ。暖炉の横に飾られているウィンチェスターのモデルガンは昔、買ったものだ。

昔、仙台のデザイン業界でも屈指のグラフィックデザイナーだったパパさんは、デジタル化に伴って業界を離れた。「何かお店をしたい」というヘレナママの希望で店を始め、

Carlsberg
Lite
COLD BEER
Budweiser

２００２年に大和町の宮床で店をオープンしたが、冬の寒さが厳しいため、２００５年頃に現在の場所に移転した。ヘレナママ自慢のスペアリブステーキは圧巻のアメリカンサイズ、ナイフとフォークで恐る恐る食べ始めていると「両端を手で持ってかぶりついて！」とパパさんがウェットティッシュを持ってやってきた。パパさんの言うとおりだ、これはナイフとフォークで上品にいただくものではない。覚悟して、豪快にかぶりつくとジューシーな肉のうま味が口に広がった。ヘレナママが手作りするオリジナルのソースは、瓶に詰めて売ってほしいと思うほどおいしい。他にも、手延べの生地に野菜とホタテがたっぷりのったモンタナピザや、モンタナオリジナルのチリとチーズがたっぷりライスにかかった「カウ

ボーイライス」はアメリカらしい味付け。仙台から最も近いアメリカを、ぜひ訪れてほしい。

MENU
フレーバーコーヒー　660円
バドワイザー（瓶）　605円
スペアリブステーキ（ミディアム）単品　1320円
モンタナピザ（S）　1870円
カウボーイライス　990円

住所　〒981-3225仙台市泉区福岡字森下2-3
電話　022-376-6444
営業　平日11:00〜15:00
土日祝11:00〜20:30（L.O. 19:30）
火曜定休（祝日の場合は営業）
Ⓟ10台
MAP　P138⑨、P139⑨

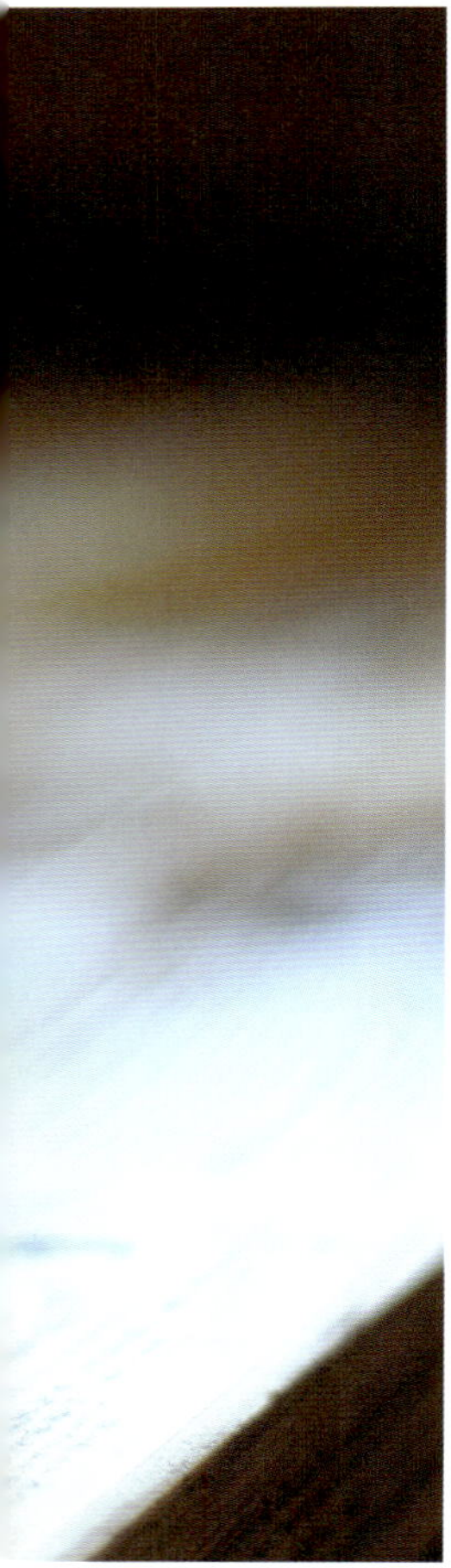

SENDAI-MATSUSHIMA
仙台松島

風と手と土

地産地消にこだわった
裏磐梯流おもてなし

ちょうど、初めてお店を訪れた日は、ヤギのユキオがやって来た翌日だった。あの頃、フワフワの毛から可愛らしい角が出ていたユキオは草刈り部長として皆から愛され、今はトチノキとなって店を見守っている。
「ここにあるのは風と土と手仕事だったから、そのまま店名にしたんです」とオーナーの鈴木孝博さん。海岸から店までは直線距離で約1km半、太平洋と店の間には風を遮るものが何もない。店内の窓際の席から見える可愛い小屋は、東ティモール産有機栽培の珈琲豆をハンドローストするための焙煎専用。珈琲はドリップと、プレス、ランチから選べる。珈琲の濃さも選べるネルドリップ珈琲はサーバーのまま提供され、たっぷり飲めるのが嬉しい。
店は、妻の文江さんと二人だけで

やっている。震災以前は、文江さんの実家が今の店がある場所にあった。孝博さんの地元は宇都宮で、ちょうど仙台と宇都宮の間が福島の裏磐梯だったということで、二人は1997年から裏磐梯でペンションを経営していた。しだいに文江さんが作っていたお菓子が評判となり「ヒロのお菓子屋さん」としてお菓子の販売を開始。寒い裏磐梯でしか育たない花豆を使った「花豆モンブラン」は地元の商工会青年部から頼まれて作ったもので、福島県の特産品コンクールで入賞した逸品である。言われなければ栗と間違いそうなほど大きく、ホクホクの食感だ。

何を作るにも「一番美味しくできる方法」を追求する孝博さん。自慢のランチを味わえるのは1日20人ほど。ランチのソースは日替わり。パ

スタか玄米リゾットかを選ぶスタイルだ。毎日2～4種類用意されているパスタは、北海道産強力小麦の全粒粉をイタリア製のパスタマシンで自家製麺したもの。そして、大人気の蒸篭のまま出すサラダバー。一昔前、宮城でファミレスといえばサラダバーが当たり前だったから、宮城県民はサラダバー好きが多い。取材中、野菜を届けに来たのは、近隣の農園の方。年間50種類の野菜を育てていて、土の香りが残る採れたてが持ち込まれている。お米も地元の農家から仕入れていて、いずれパスタにも地元の小麦を使いたいという。

「ゆくゆくここに裏磐梯のような森を再現したい」と語る孝博さん。敷地内に椎木や桜をたくさん植えている。十数年後には鬱蒼とした森に育っていることだろう。

MENU
珈琲（ドリップ・ストレート）　500円
珈琲（ドリップ・アイス）　550円
お昼の時間のメニュー　1320円
花豆モンブラン　385円

住所　〒983-0003 仙台市宮城野区岡田浜通45
営業　10:00～17:00
　　　月曜定休
Ⓟ10台
MAP　P138⑩、P139⑩

SENDAI-MATSUSHIMA
仙台松島

野のカフェレストラン kibako

メニューは畑の気分次第
スープとパンで旅籠流おもてなし

ヤマボウシの木と大きな窓が目印の「野のカフェレストラン kibako」にやってきた。ここは細田陽子さんが営む、自然派料理が楽しめるレストランだ。解放感のある高い天井と窓を含め、設計から建築までを陽子さんの夫が手がけた。店内は木のぬくもりとパンが焼ける甘い香りに満たされている。毎朝焼いてるというパンは、ココナッツオイルのおかげで冷めてもフワフワのまま。特有の香りがまったくしないので、不思議がっていると「無味無臭のココナッツオイルなんです。バターの代わりに使っているので、乳製品アレルギーの方でも安心して召し上がれます」と教えてくれた。

陽子さんが素材にこだわるには訳がある。調理師の免許取得後、東京や仙台市内の老人福祉施設で調理を

担当していた時「すべての世代に、安心安全なものを食べてもらいたい」という強い想いが湧いた。さらに、気仙沼本吉町に住む陽子さんの母が、「孫に安全な野菜を食べさせたい」と無農薬と有機肥料にこだわって畑をやり始めところ、味覚が敏感な子供たちが、化学肥料で育ったレタスは苦いからと、その畑の野菜しか食べなくなったのだ。これらの経験から、野菜はできるだけ本吉町の実家から仕入れている。「畑次第なので同じメニューがなかなか出せません、もし気に入ってまた食べたい料理があったら事前にお電話してくださいね」と。リピーターも多いランチは最初に焼き立てのパンと野菜たっぷりのスープが出てくる。これはヨーロッパの旅籠で宿についた旅人に振る舞われるスタイル。次いで4皿の

料理なのだが、パン以外のメニューはその日その日の畑次第。子供連れの場合はハーフサイズを提供してくれる。「最初はね、子供用に加工食品を使ってお子様ランチを提供していたんですが、やっぱり、子供に安全な食事を提供したくて」と、その経緯を語ってくれた。子供用の食品が多い現代では、子供が大人と同じものを食べることが少ない、これはこれで良い食育になっているようだ。

食後のコーヒーを楽しんでいると男子小学生が一人で来店したので驚いた。「娘が通う小学校への通学路なので、可愛いお得意様も多いですよ」そう言って陽子さんは〈可愛いお得意様〉へケーキセットを運ぶ。陽子さんが厳選した材料を使って作るケーキならどんどんお食べ！と思いながら、コーヒーを飲みほした。

MENU
ブレンド　400円
カフェラテ　450円
週替りのデザートセット　850円
kibakoランチ　1500円

住所　〒989-3216 仙台市青葉区高野原3-7-6
電話　022-343-6011
営業　11:00～16:00(予約制ディナー18:00～20:00)
　　　月・日曜、祝日定休
Ⓟ4台
MAP　P138⑪、P139⑪

SENDAI-MATSUSHIMA
仙台松島

cafe hito no wa

カフェヒトノワ

美味しい珈琲をお供に
大正ロマン香る空間でひとやすみ

かつて旧奥州街道富谷新町宿として栄えた通り。古い町並みが残る通りの中でも、一際目を引く美しい建物がある。大正末期に建てられた裁縫学校をリフォームして生まれた「cafe hito no wa」だ。NHKの「ふるカフェ系ハルさんの休日」でも、取り上げられて話題に。コンセプトは「くつろぎとそれぞれの時間」だ。大人が自分の時間を楽しむための空間を目指し、席は余裕をもって並べられており、おひとり様にも優しいカウンターがある。長い長い縁側に面したひだまりのカウンター席に座る。目に入るのは普通の住宅街なのだが、美しい障子が日常の光景を非日常へと変え、空間が大正ロマンで満ちていく。

取材したとき、まだカフェはオープンして半年。店の奥、キッチンで

黙ったまま難しい顔をしてコーヒーを入れていた店主の梅津英紀《うめつひでき》さんに、後からその難しい顔をしていた訳を聞いてみると、「まだ色々と余裕がなくてつい難しい顔になってしまうんです」と頬を赤らめていた。生まれも育ちも富谷で、富谷から引っ越したことがない英紀さんは20歳の頃から飲食店経営の夢を抱き、30歳から本格的に準備を始めたスロースターターだが「パティシエでも料理人でもない。東京のカフェやデパ地下を食べ歩いて研究しました」と、思いの深さをさりげなく語る。古民家カフェを目指して山形まで古民家を探しに行ったが出会いはなく、40歳の時、やっと、この建物に巡り合った。

「リフォームや調度品の調達も、サクサク進んで。チャンスと仲間に恵

まれて追い風が吹いたようでした」

英紀さんは農家の実家で採れた野菜を中心に料理を作っている。40歳でカフェをやりたいと言う長男に対して猛反対していた父・慶一さんは現在、駐車場の草刈りをかって出るほどに英紀さんを応援する一人だ。

オープンしてから今まで一番嬉しかったことは?と聞くと「常連さんができたことですね、本当にありがたいことです」と英紀さん。常に支えてくれる周囲への感謝が何度も溢れる。今後は手作りマフィンやコーヒーのテイクアウトと、夜も大人が楽しめる空間の提供を考えているという。古い店と新しい店が共存し、もっとこの歴史ある通りに賑わいを増やすために何かしたいという。

「やっと人生のスタートに立ちました、これからいろいろな壁に立ち向かい

post card

恐れ入りますが、切手をお貼りください

810-0041

福岡市中央区大名2-8-18
天神パークビル501

書肆侃侃房 行

□ご意見・ご感想などございましたらお願いします。

※書肆侃侃房のホームページやチラシ、帯などでご紹介させていただくことがあります。
不可の場合は、こちらにチェックをお願いします。→□　　※実名は使用しません。

書肆侃侃房　http://www.kankanbou.com　info@kankanbou.com

■愛読者カード

このはがきを当社への通信あるいは当社発刊本のご注文にご利用ください。

□ご購入いただいた本のタイトルは？

□お買い上げ書店またはネット書店

□本書をどこでお知りになりましたか？

01書店で見て　02ネット書店で見て　03書肆侃侃房のホームページで
04著者のすすめ　05知人のすすめ　06新聞を見て（　　　新聞）
07テレビを見て（　　　）　08ラジオを聞いて（　　　）
09雑誌を見て（　　　）　10その他（　　　）

フリガナ
お名前
男・女

ご住所　〒

TEL（　　　）　FAX（　　　）

ご職業　年齢　歳

□注文申込書

このはがきでご注文いただいた方は、**送料をサービス**させていただきます。
※本の代金のお支払いは、郵便振替用紙を同封しますので、本の到着後1週間以内にお振込みください。
銀行振込みも可能です。

本のタイトル	冊
本のタイトル	冊
本のタイトル	冊

合計冊数　冊

ありがとうございました。ご記入いただいた情報は、ご注文本の発送に限り利用させていただきます。

MENU
ブレンドコーヒー　590円
カフェオレ　690円
ランチ　1045円〜
スイーツ　590円〜

住所　〒981-3311 富谷市富谷新町108
電話　022-725-7313
営業　11:00〜17:00（L.O. 16:30）
水〜金曜定休
Ⓟ3台
※未就学児の入店はご遠慮いただいております
MAP　P138⑫、P139⑫

ます」。スロースターターの店主の目線は常に未来を見据え、期が熟すのを待っている。

SENDAI-MATSUSHIMA
仙台松島

生石庵

おいしあん

利府の秘境・惣の関ダム湖畔の
珈琲とビスコッティの店

生石庵があるのは利府町の森郷キャンプ場。運営をしているのはＪＲ利府駅近くで１９３２年に設立され、農村だった利府町の幼児保育に貢献してきたオアシスチャペル利府キリスト教会。キャンプ場スタッフ住居だった築60年以上の建物をリフォームし、このキャンプ場を通して地域への奉仕に尽力したリビングストン宣教師の「Living Stone」から生石庵という名前のカフェが生まれた。

扉を開くと、コーヒーの焙煎をする松田献《けん》さんが笑顔で出迎えてくれた。震災後、撮影ボランティアに行った東松島市矢本運動公園仮設住宅のクリスマスイベントで何度かお会いしていて、私の脳裏にはピンクのスーツにアフロヘアー姿で力強い歌声でゴスペルを熱唱する姿が焼き付いている。店内には私がミッション

系私立高校に通っていた頃に習った「君は愛されるため生まれた」というワーシップソングが流れている。毎朝礼拝堂で賛美歌を歌っていた頃の清々しい気持ちが蘇った。

　和洋折衷のホットサンド、シフォンケーキと独創性の溢れるかき氷「生石氷」で賑わっていたが、２０１９年の台風19号で林道に土砂崩れが発生、キャンプ場内も大きな被害を負った。復旧工事を進めてようやく営業再開と思った矢先のコロナ禍。小さな店舗内でソーシャルディスタンスを確保することは容易ではなく、２０２１年春現在、実店舗は休業し、オンラインショップを中心に営業を行っている。全国から注文が入る「ビスコッティ」はイタリア・トスカーナ地方の伝統焼き菓子。ザクザクっとしっかりとした歯ごた

えがあるのは二度焼きしているため。「海鞘《ほや》」を使ったビスコッティはおつまみ向けの「しょっぱ系」で特にユニークだ。献さんは、津波で被災した海鞘養殖漁師さんたちの支援経験があり、被災した人々と地元の自然への愛を込めながら菓子作りにあたっている。他にも、焚火を囲んで楽しむ朝カフェイベントなどを単発で開催しながら、本格的な営業再開を目指している。

　カフェの窓から駐車場の隅にちょっと寂しそうに置いてある大きな鐘が見える。「あれは震災で落ちてしまったキャンプ場礼拝堂の鐘です。いつか復興のシンボルとして鳴らしたい」と献さんが教えてくれた。震災時ボランティアの宿泊拠点となった森郷キャンプ場に復興の鐘が鳴り、お客さんで溢れる日が待ち遠しい。

MENU

生石庵ブレンド　100g 980円
HOYA ビスコッティBOX 2袋入り 1,460円
生石庵 ビスコッティBOX（ビスコッティ6種）2,380円

住所　〒981-0103宮城県宮城郡利府町森郷字内ノ目南70
電話　050-3558-0149
営業　10:30〜17:00
　　　日曜定休
Ⓟ10台
MAP　P138⑬、P139⑬
※現在実店舗は休業中、オンラインショップのみ営業中。
生石庵オンラインショップ：https://oishian.shop-pro.jp

SENDAI-MATSUSHIMA
仙台松島

MOLA MOLA CAFE

モラモラカフェ

電車でふらっと出かけたい。松島湾を一望できる特等席

仙台から国道45号線を松島に向かって走っていると、塩釜市と松島町の間に南北約3㎞だけ利府町に入る。そこに海が見えるカフェができたと聞いて電車に揺られて探索へ。

仙石線松島駅の一つ手前、陸前浜田駅から徒歩5分という好立地。仙台市郊外のカフェは車でしか行けない場所が多いので、電車で行けるのはとてもありがたい。ヨットのマストが立ち並ぶ浜田漁港。震災後に整備された真新しい堤防横に、黄色い壁に三角屋根。「MOLA MOLA CAFE」が見えてきた。

ガラガラと戸を開けると、ベトナム風のランタンがぶら下がるカウンターが現れる。「ここで注文をしたら、お好きな席にどうぞ。ご注文の品はお席までお持ちしますが、その他はセルフサービスです」と、オーナー

の末永さん。注文を済ませて、窓際のカウンターに腰を下ろす。住所こそ利府町だが、目の前に広がる海と美しい松林の島々は紛れもなく日本三景松島の一部である。

「良い眺めでしょう？　時間によって色が変わるから見てて全く飽きないんですよ」

注文したコーヒーと季節のパフェを末永さんが運んできてくれた。仙台三越近くのカフェ「MILLS」のオーナーでもある末永さんは街中生まれの街中育ち。「海の近くで新しいお店をやりたい」と一念発起、仙台から近い海沿いの塩釜・松島で物件を探し回るも、なかなか良い物件が見つからなかった。

満を持して出合ったのが大きな窓から穏やかな松島湾が望める元焼肉店だったこの建物。

「ここはカフェというか、フラッと寄れるコーヒースタンドみたいな感じにしたいんです」

　店名のモラモラとはラテン語でマンボウ。水面近くに浮いていたり深海を遊泳したりするマンボウは、そのイメージにぴったり。

　末永さんとの話に熱中していたら、天頂にあった太陽はすっかり西に傾いて松島湾は薄っすらとオレンジ色に色づいている。ヨットが1隻沖に向かって水面を進んでいた。

「窓から見える水平線から満月が昇ると水面に映ってとても綺麗なんです」と末永さんがスマホで撮った写真をみせてくれた。松島湾でこんなに美しい風景が見えるなんて。

　今後は、利府町ともタッグを組み、浜田地区を盛り上げていく予定だ。

「堤防の工事が終わったらテラス席

MENU
コーヒー(ホット/アイス) 500円
アイスクリーム 各種 300円〜
季節のパフェ 500円
バケットサンドイッチ 600円

住所 〒981-0101 宮城郡利府町赤沼字浜田100-55
電話 なし(問合せはFacebookページからどうぞ)
営業 11:00〜17:00(L.O. 16:30)
水曜定休
Ⓟ20台
MAP P138⑭、P139⑭

を作るつもりなので、そうしたら客席数1500って言おうと思っています（笑）」。末永さんが屈託のない笑顔を見せてくれた。

COLUMN 1

Gelateria Fruits Laboratory

ジェラテリア フルーツラボラトリー

果実店の2代目がつくる 絶品フルーツジェラート

JR仙石線本塩釜駅と鹽竈神社を繋ぐ、昔ながらの造り酒屋や蒲鉾店が立ち並ぶ塩釜の本町通りにある渡辺果実店。その2代目渡邉敬久さんが2016年にオープンさせたのが「Gelateria Fruits Laboratory」だ。果物が最も美味しくなる瞬間を知っているフルーツのプロが作るフルーツジェラート、美味しいに決まっている。目印は目の覚めるようなイエローの外壁とジェラートのイラスト。ドアを開ければ、美しい波紋を描いて盛られたジェラートの山と、宝石のように輝くフルーツバーがショーケースに並んでいる。ジェラートのフレーバーはレギュラーとプレミアムを合わせて常時16種類以上。季節限定のものを食べようか、定番を食べようか迷ってしまう。鹽竈神社の参拝後、特に202段の男坂を登り降りした後のご褒美スポットだ。

MENU

レギュラーフレーバー(シングル) 418円
レギュラーフレーバー(ダブル) 473円
プレミアムフレーバー(シングル) 517円
プレミアム×レギュラー(ダブル) 605円

住所 〒985-0052 塩竈市本町3-5
電話 022-349-4952
営業 10:00〜18:00
月曜定休(祝日の場合は営業、翌火曜休み)
Ⓟ2〜3台
MAP P138 C1、P139 C1

SANRIKU

三陸

SANRIKU
三陸

K-port

ケーポート

ハリウッドスターが作った絆をつなぐ希望の港

私がまだ新米カメラマンだったころ、映画『硫黄島からの手紙』の記者会見で生まれて初めて撮影した俳優が渡辺謙さんだった。その渡辺謙さんのカフェが、実は気仙沼にある。「常に人が集まって笑顔になれる場所をつくりたい」という思いが、沢山の人々によって形になったのが気仙沼の心の港「K-port」だ。「地元の人で運営したい」という謙さんの希望で、スタッフはほとんどが地元に住む正社員とアルバイトだ。

カフェが生まれたのは2013年10月。「震災がなければ絶対に謙さんと巡り合わなかったと思います」と藤田さんが懐かしむように目を細めた。フットワークの軽さと閃きで動くという「世界のケン・ワタナベ」は、藤田さんにとっては今や上司。緊張しないどころか、メニュー改定について謙さんと熱い話し合いになることがしばしばあるというから驚きだ。

カフェのコンセプトは「つなぐ」。地元の方々が集いつながる場所、世界と気仙沼をつなぐ場所を目指してつくられた。レジ前には毎日、謙さんから届く直筆メッセージが飾ってあり、彼が気仙沼を想う気持ちに触れ、胸が熱くなった。謙さんが店にいる日もよくある。「地元新潟よりも気仙沼に帰ってるんだ」と嬉しそうに語っているという。「オーラを消してカウンターに座っていると気づかれませんが、気さくに写真撮影に応じるばかりか、カレーやお冷も運んでて、お客様が椅子から転がり落ちそうになるほどビックリされます」。店内にある謙さんの編みぐるみや、小物、看板は常連さんが寄贈

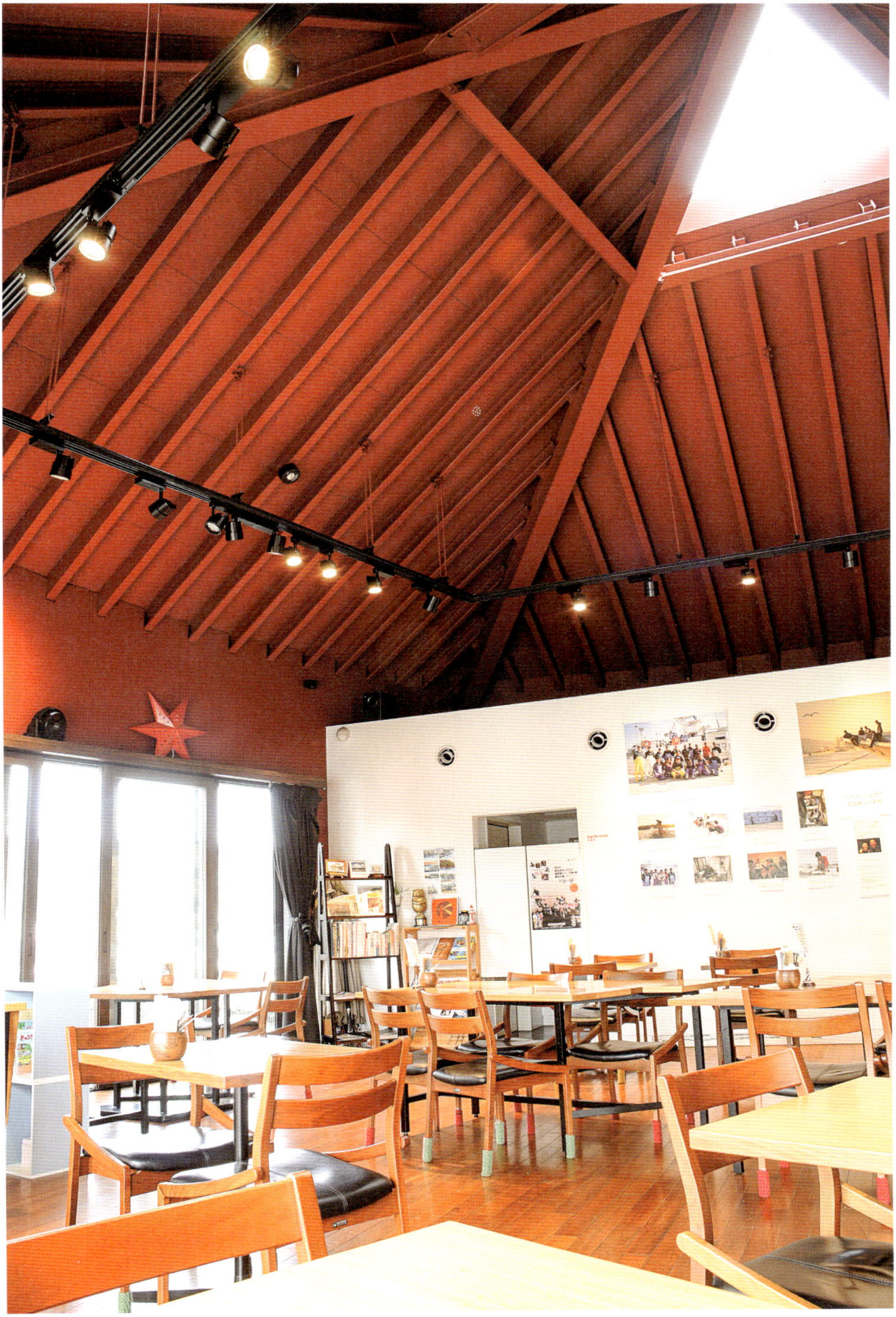

したもの。謙さんとこの店が人々に愛されている証拠だ。

震災から時間が経ち、近くにあった復興横丁はなくなり、観光客が減ったことで、地元に密着したカフェとなるべく、工夫を凝らす日々。2019年からはモーニングの提供も始まった、丸山珈琲のK-portオリジナルブレンドで1日のスタートをきれるなんて、素敵だ。子連れでも来店しやすいようにキッズスペースを設置し、魚の水揚げで寄港した漁師さんや地元の人もお茶一杯から気軽に利用できる店に変わりつつあるようだ。

名物は5種類のピザ。隣の磯屋水産直送のエビ・イカがのったジェノベーゼ・シーフードが運ばれてきた。磯の香りに包まれて過ごす幸せな時間はあっという間に過ぎていく。

MENU
ドリップコーヒー　400円
石窯ピッツァ（各種）　880円〜
K-port手作りスイーツ　500円
トーストセット　450円

住所　〒988-0021 気仙沼市港町1-3
電話　0226-25-9915
営業　9:00〜17:00（L.O. 16:30）
木曜定休
Ⓟ7台
MAP　P138⑮、P140⑮

SANRIKU
三陸

YASSE COFFEE

ヤッセコーヒー

気仙沼で味わえる横浜仕込みのコーヒーとサンドイッチ

大型トラックと道を譲り合って細いカーブを何度もやり過ごすと、八瀬地区の入り口の田んぼの真ん中にお目当てのカフェが見えてくる。スタイリッシュな外観。中では、オーナーの佐野夫妻が息のあった連携で、次々とオーダーをこなしている。ホスピタリティ溢れるおもてなしと、出てくるコーヒーやフードの味わいは、まるで首都圏のお洒落なカフェ。

それもそのはず、神奈川出身の佐野紀世彦《きよひこ》さんと、ここ八瀬出身の彩子《さいこ》さんは『横浜カフェ散歩』に掲載されている名店「すなづか珈琲店」で働いていた。そのページを開いて見せると「あぁ懐かしい！」と二人は歓声をあげた。紀世彦さんは同店に5年勤め、豆の焙煎を教わった。「うちで作れないのはコカコーラとアイスクリームくらいで、それ以外

MENU

ヤッセブレンド　420円
カフェオレ　520円
モーニング　550円
カツサンド　700円

住所　〒988-0867 宮城県気仙沼市台229-1
電話　0226-55-2307
営業　7:00〜16:00
　　　水・木曜定休
Ⓟ7台
MAP　P138⑯、P140⑯

はほぼ手作りです」と、カウンター越しに紀世彦さんが教えてくれた。ボリューミーなカツサンドのカツも、チキンがとろけるカレーも全て彩子さんの手作り。「どれを食べても美味しい」と伝えると「もともとは、包丁を持つ姿をみられるのが大嫌いなほど料理嫌いで、色々な人に教わりました」と、彩子さんははにかんだ。

　途中が少々険しい道だということを除けば、気仙沼駅から車で10分という好立地。朝の早い漁師町ということもあって7時からモーニングを提供している。朝、ここでコーヒーを飲んで一日を始められたらどんなに楽しいだろうか……。

SANRIKU
三陸

うつわと喫茶 nagame

思わず長居したくなる
離島の癒しのギャラリーカフェ

気仙沼出身の後輩が大島に新しいカフェができたと教えくれた。新幹線で東京に行くより時間がかっていた仙台~気仙沼間は、三陸道の開通で片道1時間半で行けるように。三陸道を降りて2021年4月7日に開通した大島大橋の真っ白なアーチを見上げながら、船でしか渡れなかった大島に向かって車を走らせる。要害漁港の手前、のどかな住宅街に真っ白な建物が大島出身の村上宏さんと、福島が地元のCalorina《カロリナ》さん夫婦が営んでいる「うつわと喫茶nagame」だ。日差しを受けてキラキラと輝くガラス製のドアノブを回して中に入る。古民家をリノベーションした店内は、ギャラリーと食器やアクセサリーの販売スペースを併設したギャラリーカフェだ。入り口すぐ横、伊坂幸太郎著『オーデュボ

ンの祈り』がライトに照らされた壁際の席に座ると、宏さんが集めた海や島をテーマにした小説が引き出しいっぱいになっているのが見える。
お二人は東京でアパレルやデザインの仕事を経て、2019年9月にカフェをオープン。古着とアンティークが好きな宏さん、店舗になっているリノベーションした古民家の空間作りは自分たちのこだわりを詰め込んだ。お店のロゴマークに描かれた野良猫のイラストも宏さんが描いたもの。「nagameという名前には、ギャラリーを眺める、本を眺める、長めに居てほしいというちょっとダジャレに近い意味を込めています」と宏さん、確かにここは色々と眺めながら長居するにはピッタリの場所だ。おすすめはスパイスから作っている、クローブとシナモンが香

るひよこ豆のスパイスキーマカレーと、ホームメイド感たっぷりのスパイスの効いたキャロットケーキ。ブレンドコーヒーは宏さんが東京に住んでいた頃に好きだった太田区の「コンパスコーヒー」から仕入れている。nagameと同じくスパイスの効いたメニューを出しているコンパスコーヒーで作ってもらったオリジナルのnagameブレンドは、深いコクがあってカレーにもスイーツにもよく合う。

もっと陶芸、イラスト、グッズの制作や音楽も創作していきたいというお二人は、物作りに対する情熱に溢れている。ギャラリーは気軽に若手の作家さんに使ってもらい、お客さんと作家さんの出会の場を創造し、その行く末を眺めるのを宏さんとCalorinaさんは楽しみにしている。

MENU
ブレンドコーヒー　450円
メロンクリームソーダ　550円
ひよこ豆のスパイスキーマカレー　900円
キャロットケーキ　450円

住所　〒988-0634気仙沼市要害23-2
電話　0226-29-6702
営業　11:00～17:00(L.O 16:30)
(7・8月 10:00～)
木・金曜定休
Ⓟ5台
MAP　P138⑰、P140⑰

SANRIKU
三陸

くさかんむりcafe

古民家の中に広がる
空想の異国空間

立派な門をくぐり、塀沿いの大きな敷岩の上を歩いていくと景色が開けた。一見、宮城の田舎によくある大きな古民家だが、庭には人ひとりがすっぽり入れるほど大きな鳥籠がある。そして、農機具や古道具がおかれた棚の横に、カフェの入り口を見つけた。「どうぞ！」と扉を開けてくれたのは店長の平間蘭さん、その背中では娘さんがお昼寝中。中へ入ると180度景色が変わった。まるで厳かな欧州の小さな町の教会のようだ。

くさかんむりカフェは「国籍不明の老父婦が日本で暮らしている」というイメージで蘭さんが空間を作り上げている。店頭の看板は蘭さんの祖母が習字で書いたもの。飛沫防止のパーテーションすら古城の小窓のように美しい。石巻市桃生町生まれ

の蘭さんは仙台市内のカフェで働きながら、くさかんむりカフェを2013年にオープン。2019年11月下旬に産休のため休業し、7周年の2020年秋に営業を再開。現在では、夫と二人でカフェを営んでいる。

震災前までは仙台市内でアンティーク雑貨・家具・全国のハンドメイド作家の作品を販売するお店をやっていた蘭さん。カフェは老後に森の中でやりたいと考えていたが、震災で雑貨屋を閉めた後にやりたいことが他に思い当たらなかった。そんな折、震災で高い塀が崩れて露になったこの古民家を見て「なんて素敵なお庭！」と一目ぼれ。空き家だった屋敷の所有者をなんとか探しだし、カフェのオープンに漕ぎつけた。カフェスペースがあるのは、大きな屋敷の土間だった部分で、天井が高い

囲炉裏端も、蘭さん自身で壁を塗り直した。置いてある小物や花にも蘭さんのこだわりが現れていて何時間いても退屈することがない。

くさかんむりカフェといえば毎月その季節や思い出をテーマにしたランチプレートだ。この日は新緑を思わせるスナップエンドウと空豆の塩こうじ和えとホタテとからすみのジャスミン茶ライスが目に鮮やか。そして登米名産の油麩入り台湾料理、豆漿に意表を突かれた。地場産の新鮮な野菜と食材は蘭さんとお二人の手にかかると、どこか知らない遠い国の伝統料理のようになってしまうから不思議。ティータイムには畑から抜いたばかりの人参を思わせる、スパイスの効いたキャロットケーキがおすすめ。葉っぱの飾り方が蘭さんらしい。もしかしたら空想の「国

MENU

季節のランチ　1600円(12:00〜14:00)
コーヒー　450円
桃生茶の紅茶 kitaha　450円
キャロットケーキ　550円
スコーン　300円〜

住所　〒986-0323 石巻市桃生町神取字屋敷67
営業　12:00〜17:00(ラストオーダー16:00)
火・水・木曜定休
Ⓟ10台(お店向かい神取鈴木自動車さん敷地内)
MAP　P138⑱、P140⑱

籍不明の老父婦」の正体は蘭さん夫婦なのかもしれない。

SANRIKU
三陸

TEAVER TEAFACTORY

ティーベルティーファクトリー

復興と希望の鐘をならす 新しい日本茶の楽しみ方

　他の地域でなんと呼ぶかは知らないが、宮城ではおばあちゃんたちが誰かの家のお茶の間に集まって、お茶と漬物と菓子をつまみながらお喋りをたのしむことを「お茶っこ」と呼ぶ。そこに欠かせないのが日本茶。日本茶は緑か茶色という既成概念を覆してくれたのは、気仙沼生まれの内海康生《うちうみやすなり》さんがフランス紅茶専門店での勤務経を経て2017年に立ち上げた日本茶フレーバーティー専門「OCHACCO」だ。2018年5月にシーパルピア女川にオープンしたOCHACCO1号店が2021年1月17日にハマテラスへ移転して生まれ変わったと聞いて女川にやってきた。女川駅からシーパルピア女川のメインストリートを海に向かって歩いていく、女川港から船の入港を知らせるサイレンが鳴り響き、びっくりしてしまった。スクリューのオブジェの前で足をとめると、TEA ROOMの文字が見える。中に入ると、ふわっとお茶屋さん独特のいい香りで包まれている。

　クロックムッシュにアフタヌーンティーセット、日本茶のフレーバーティー……形式にとらわれないメニューが並んでいる。パンやスコーンは使う料理に合わせて康生さんが選びぬいた町内のパン屋やパティシエから仕入れている。せっかくなのでアフタヌーンティーセットを注文。一段目はレモン酢につけた新鮮なきゅうりを使ったクラシックなキューカンバーサンドと生ハムかサーモンのサンドウィッチ、二段目には仕入れにこだわったスコーン、三段目にルイボスティーに数種類のお花をブ

レンドしたルージュブーケのゼリー、アールグレイのクッキーとマカロン。なんて贅沢なお茶っこだろう、見とれていると道行く人々もガラス越しにその存在感のある姿を見て驚いている。

「基本は下から食べるものですが、スコーン硬くなっちゃうので、スコーンからどうぞ」と康生さんが声をかけてくれた。言われた通りに、クロテッドクリームとジャムをつけてスコーンを頬張り、お茶をひとくち。透き通る青が美しいブルーブーケは爽やかなミントとラベンダーの香りの後に飲み慣れた日本茶の味がホッとする。

「日本一のティーファクトリーにするのが目標です」と笑顔で語る康生さんが、日本一のティーファクトリーになって女川の希望の鐘を鳴らす

のは、そう遠くない未来かもしれない。

MENU
アールグレイポートシティ　500円
ブルーブーケ　500円
クロックムッシュと紅茶のセット　1200円
アフタヌーンティーセット
（一人前）　1980円

住所　〒986-2261 牡鹿郡女川町
女川2-66 ハマテラス-8
電話　0225-25-5216
営業　10:00-17:00
火・水曜定休
Ⓟ町営駐車場あり
MAP　P138⑲、P140⑲

SANRIKU
三陸

Bakery Cafe
ル・ニ・リロンデール

ブルーインパルスのおひざもとで
青いツバメが運ぶ珈琲とパンの香り

ゴォォーッという轟音と共に、スモークで細く白い尾を空に描きながら宮城県松島基地・第4航空団所属、第11飛行隊のブルーインパルスがツバメのごとく飛び去っていった。その先の屋根に、ツバメが2羽とまっている。そこは珈琲とパンの焼ける香りただよう「Bakery Cafe ル・ニ・リロンデール」の屋根だ。店の名前の「Le nid d'hirondelle」はフランス語で「ツバメの巣」と聞いて妙に納得してしまった。

オーナーの横山淑恵さんは東松島市出身。高校卒業後に上京し東京のテレビ局で働いていたが、東日本大震災の後「いつ何が起こるか分からないから、やりたいことをやらなきゃ」と一念発起。「定年後に珈琲屋さんをやる」という夢を前倒しした。本書で紹介している「浜の暮らしの

はまぐり堂」で働き、デザートを担当していた。その後、登米・佐沼の「cafe minnesota」が閉まると聞いて、居抜きでやってみようと決心。登米で2年弱、ル・ニ・リロンデールは人気のカフェとなった。淑恵さんの夢だった地元東松島でのオープンが実現したのは2017年春のこと。各地を旅し、生まれ故郷に戻り新しい巣を作るツバメのようだ。2017年の12月にはル・ニ・リロンデールから車で15分ほどの宮戸島に、島唯一の食堂「宮戸つばめ食堂」を復興再生多目的施設「あおみな」にオープン。どちらのお店でも、旬の地元食材が使われた料理と本格スイーツを楽しむことができる。

名物は「ブラジルプヂン」。はまぐり堂で石巻の食材で作れるデザートを模索していたとき、当時開催さ

れていたブラジルW杯にちなんで、ブラジルの郷土料理「プヂン」を東京まで作り方を習いに行ったものだ。どっしりとした見た目は一見チーズケーキのよう。濃厚で固めのプリンと、カラメルを吸ってしっとりとしたココア風味のスポンジの不思議な食感を味わえる。新しくメニューに加わった「ブルーソーダ」もおすすめ。こちらは、ブルーインパルスがモチーフ。水色のクリームソーダに真っ赤なチェリーがのっている。「このブルーソーダを飲みにくる小さい子が、大人になっても同じ場所で同じようにカフェをやっていたいと思うんです」と淑恵さん。ここにできた2つのツバメの巣は、東松島の幸せを見守っていくことだろう。

MENU

ブレンドコーヒー（ホット・アイス） 430円
メロンソーダ 540円
ブラジルプチン 400円
ランチ 1100円〜

住所 〒981-0303 東松島市小野中央17-1
電話 070-1145-4420
営業 10:00〜17:00
不定休
Ⓟ7台
MAP P138⑳、P140⑳

SANRIKU
三陸

穀雨茶房もも

春の雨のように優しく
心と体を癒す薬膳カフェ

穀雨とは、二十四節気で穀物の成長を助ける春の雨のこと。店内は、店主の門《もん》間《ま》明《あけ》美《み》さんが集めた古道具と薬膳の品でいっぱいだ。２０００年頃に行った中国旅行で中国茶の美味しさに魅せられてしまった明美さんは２００２年に「雑貨・茶ろん もも」をオープンしたが、東日本大地震の被害で大人の肩の高さまで水に浸かった。一度店を閉め、南仙台に避難。その後、療養のため栃木へ。栃木から北京中医薬大学の日本校へ通い、中医学の知恵を携えて仙台に帰り「穀雨茶房もも」として再オープンしたのが２０１７年５月だ。

店の看板に描かれたキャラクターの「ももちゃん」は、明美さんが桃生町出身で父方の実家が桃農家だったこと、そして中国では桃は縁起の良い果物ということで、桃をモチー

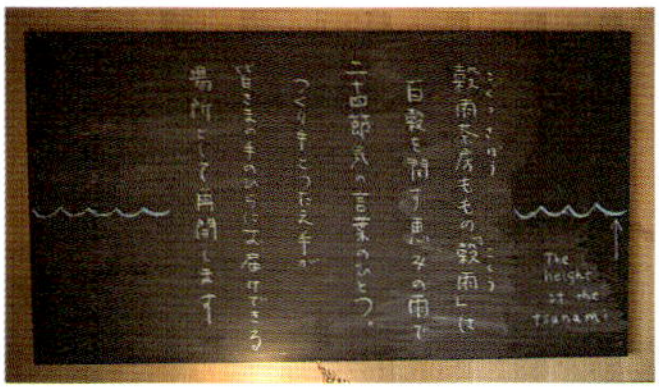

MENU

台湾・薬膳・タイ料理教室
各種ワークショップ、イベント販売会
特別なお食事会など開催予定。
詳しくはHPまたはSNSにてお知らせ。

住所　〒986-0813 石巻市駅前北通り3-3-23
電話　0225-24-8134
営業　不定期（イートイン休業中）

Ⓟ7台
MAP　P138㉑、P140㉑

フのキャラクターを親戚にあたるコーチはじめさんに描いてもらったものだ。薬膳茶をゆっくり楽しむならティータイムがおすすめ。チェックシートに記入するだけで、その日の体調に合わせた薬膳茶が運ばれてくる。もともと製菓が専門の明美さん、雄勝石《おがついし》のスレートに盛られたチーズケーキも絶品だ。

「好きなことやらないと人生もったいないですから」と笑う明美さん。2021年7月からいったんイートイン営業はお休み。今後しばらくはワークショップや物販イベントを開催する予定。震災の痕跡が壁板に残る空間。このカフェは生き抜いて、今、明美さんが作る薬膳料理が穀雨となって、食べた人の心と体を潤し、癒しを与えている。

COLUMN 2

虹の森焼菓子店

虹色の夢が詰まった
森の入り口の焼き菓子店

三角形のマークが目印の「虹の森焼菓子店」は、気仙沼が地元の小野寺友美さんが営んでいる。高校卒業後上京し、商品開発の仕事を経て、興味のあったパン屋さんで働いていたが、東日本大震災を機に地元へ帰ってきた。ベーグルが好きだった友美さんは「気仙沼でも美味しいベーグルを食べてほしい」と一念発起しベーグル専門店を2013年7月にオープン。そして、年配の人でも食べられる柔らかいコッペパンも焼くように。国産小麦と天然酵母を使ったベーグル・コッペパンの他にも焼き菓子・ケーキ・雑貨を販売している。地元のお母さんたちが里帰りしてきた子どもを連れてきて「気仙沼にも、こんなに素敵なお店があるの」と誇らしげな様子を見て、友美さんは幸せな気持ちになるという。気仙沼の小さな焼き菓子店のお菓子が、地元を旅立った若者と、この地に残る母をつないでいる。

MENU
気仙沼ベーグル（さんまとチーズ） 270円
ベーグルサンドイッチ各種 170円～
コッペパンサンドイッチ各種 180円～

住所 〒988-0171 気仙沼市赤岩牧沢37-2
電話 0226-22-6301
営業 10:00～15:00
日・月曜定休
Ⓟ4台
MAP P138 C2、P140 C2

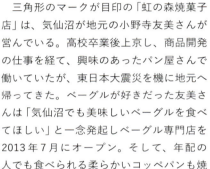

KEN-NAN
県南

KEN-NAN
県南

EVANS'89

エヴァンスハチジュウク

ログハウスで味わう料理と音楽
角田の人気カフェレストラン

絵に描いたようなログハウスのドアを開けると、笑顔の田中智子さんがジャズが流れる店内へ元気に迎え入れてくれた。席に座り、辺りを見回すと客席の奥にはグランドピアノがある。「このピアノは、どのピアニストが弾いても弾きやすい当りのピアノらしいです」。両サイドには大きなスピーカーが鎮座していて毎日自慢の音で客を魅了しているという。

１９８９年12月にオープンした「ＥＶＡＮＳ'89」は角田市民なら誰もが知っているカフェレストランだ。一番人気のレディースパスタセットを注文。まずテーブルに運ばれてきたのはメインディッシュと見あやまるほど大盛りの前菜風彩サラダだ。食べ終わる頃には、メインディッシュのパスタが運ばれてくる。こちら

MENU
ランチ各種　1430円〜
お子様セット　810円
竹鶏卵のオムライス・ハッシュドビーフがけ　1404円
レディースパスタセット（男性も注文可）　1782円
※価格は平日ランチ

住所　〒981-1505
角田市角田字緑町4-1
電話　0224-63-3889
営業　11:30〜14:30（L.O. 14:00）
17:45〜20:30（L.O. 20:00）
木曜、第1・3水曜定休
Ⓟ12台
MAP　P138㉒、P140㉒

もボリュームたっぷり！　そして食後にはデザートまでついてくる……。もしここが仙台の街中だったら、このボリュームのランチをこの値段では食べられないだろう。

オーナーの田中健一さんに印象的だった大盛りサラダのことを聞いてみると「お客さんが喜ぶから！　それだけです」と簡潔な答えが返ってきた。ジャズが大好きな田中さん夫妻。カウンター席の後ろの棚にはレコードがビッシリと並び、ジャズコンサートを不定期で開催している。「最初は喫茶店だったんです。そのつど時代に合わせて営業してきました、これかもそうです」と健一さんは語る。一つ確かなことは、ここに来ればおなかいっぱい美味しい料理が食べられるということだ。

KEN-NAN
県南

CAFE 橙

笑顔と元気をチャージできる
柴田町にみのる橙の実

橙色のロゴが印象的なドアを開けると、色とりどりの雑貨が目に飛び込んできた。地元の作家たちが作ったものだ。「あったか味があっていいですよね」と岩切ひとみさんが声をかけてくれた。底抜けに明るい声、太陽のようだと思った。席に通されると壁やメニューに見慣れない「オランカ サプリメントドリンク」という文字が。気になってどんなジュースなのか聞いてみると「これは展示会で出会った不思議なドイツ生まれのジュースで、ビッタミーン！って感じです（笑）うち以外だと介護施設でよく扱っているそうですよ」と。これは、頼まない訳にはいかない。海外のフルーツジュース特有の味わい、ベータカロチン入りのビタミン飲料に似ていた。

「カフェをやるなんて思ってなかっ

た」というひとみさん。オーナーで夫の岳《たけし》さんのお母さんから「飲食店をやってほしい」という希望があって2011年の冬にオープンすることに。震災直後で業者がつかまらず、県外の大工さんにも工事をお願いした。明るくてあたたかい店にしたいので橙色、そして代々続いてほしい願いを込めて橙と名付けた。ロゴやメニューはひとみさんがデザインしたものだ。

元々和食専門で調理の仕事をしていた岳さんがカフェメニューづくりに苦労している傍ら、飲食店経験ゼロのひとみさんは、結婚生活も同時にスタート。カフェではホールで接客を任された。「オープン初日に『ああ、私には向いてない』と思いました。でも、たくさんの素晴らしいお客様との出会いに支えられ、辛い時期を

乗り越えることができました。人との繋がりってエネルギーを与えてくれますね」。一番人気のチーズケーキは製菓も専門の岳さんが作っているのかと思いきや「いつのまにか私の担当になっていたんです」と、ひとみさんが笑った。やっぱり太陽のような人だ。

　隣が郵便局という立地の良さも相まって地元では知らない人のいない店に成長。お客さん同士が仲良くなって友達になっていく。柴田高校と船岡駅のちょうど間にあり、「これからは高校生とか、若い人たちにも来てもらえるようにしたいです」と。その笑顔が咲き続けるかぎり、店は安泰だろう。店を出る頃、オランカサプリメントドリンクのおかげか、夕方だというのにエネルギーが満タンになったようだった。

MENU

CAFE橙オリジナルブレンドコーヒー　495円
オランカ サプリメント ドリンク　462円
NYチーズケーキ　495円
ランチ　1100〜1518円
※テイクアウトもあり

住所　〒989-1622 柴田郡柴田町西船迫 1-8-58
電話　0224-86-4244
営業　11:00〜18:00(L.O. 17:30)
　　　木・金曜定休
Ⓟ6台
MAP　P138㉓、P140㉓

KEN-NAN
県南

hori pan

ホーリーパン

縁側でのんびり味わう
焼きたてパンとコーヒー

あぜ道に刺さった小さな看板を頼りに道を曲がると、宮城の田舎によくあるタイプの民家にたどり着く。庭には見上げるほど高い木が枝葉を広げ、その存在感にまず圧倒された。

肌寒かったその日は、開店前から焼きたてのパンを求めて駐車場が混み合っていた。ガラガラと玄関を開けると、小麦の焼ける甘い香りが漂うカウンターの向こうでは、オーナーの堀畑俊一郎さんが焼きあがったパンを大きな音を響かせてカットしている。心地よい音だ。

２０１１年５月に柴田町槻木《つきのき》、そば屋の敷地内の小屋で週末限定でオープン。２０１３年秋までは、平日は岩手県遠野市の震災ボランティアの拠点で食事を提供し、週末は手ごねパンを売るという特殊な形で営業を続けてきた。震災ボランティアが

落ち着いてからやっと、平日もパン屋の営業を始め、店舗を現在の場所に移した。

彼のパンの原点は、幼い頃に母が作ってくれたフレンチトースト。皿に盛られた素朴で幸せになれるパンに合う料理が作りたくて中学卒業時には料理人を志していた。大学を出て、関東で半年働いた後に仙台にもどってきた俊一郎さんは、イタリアンレストランで震災直前までフォカッチャを焼いていた。「あっさりしてて、他のところにはない美味しさがあるんですよ」と、パンを焼く腕は常連客のお墨付きだ。

「トスカーナ地方ではパンに塩を入れないんです。食事を邪魔しないパンなんですよね」と俊一郎さん。たしかに、自慢だという牛乳パンを買って食べてみると驚くほどあっさり

していて、食パン以上に料理に合う。

店の奥は、イートインスペースになっており、ハンドドリップコーヒーと一緒にパンがいただける。広い座敷には大きなテーブル、縁側にはカウンター席。小さい子向けのおもちゃが置いてあるのが、子連れには嬉しい。「私はね、ここで美味しいパンとコーヒーをいただきながら、庭の、あの大きな木を眺めてここでぼーっとするのが楽しみなんです」という常連のご婦人に習い、私も座敷に敷かれた座布団から足を縁側に投げ出してコーヒーをすすってみた。大きな縁側の窓からはいった光は、私の足に近づくにつれて強さを失い、コーヒーカップの縁を照らしている。

店の住所は「涎《よだれ》」という場所にある、見るだけでも垂涎もののパンをいただくには、最高の地名だ。

MENU

コーヒー(hot)　440円
コーヒー(ice)　495円
牛乳パン　410円
クロックムッシュ　378円
粒あんぱん　248円

住所　〒981-1503
　　　角田市島田字涎8-2
電話　0224-66-4138
営業　11:00〜16:00
　　　水・木曜定休
Ⓟ6台
MAP　P138㉔、P141㉔

KEN-NAN
県南

cafe Persikka

カフェペルシッカ

丸森のへそで楽しむコーヒーと
ふわふわのチーズケーキ

道路標識に福島県新地・相馬の文字がチラチラと見え始めた。ここは蔵の郷土館齋理屋敷とへそ大根で有名な宮城県最南端の町、丸森町。可愛らしいログハウスのカフェ「cafe Persikka」はその町の中心部に位置している。鹿が店のロゴにあしらわれているので「ペルシッカとはどこかの国の言葉で鹿という意味なんですか?」と、オーナーの西岡恵豊《けいと》さんに聞いてみると、優しい声でこんな答えが返ってきた。「フィンランド語で桃を意味する言葉です。妻も私も桃が好きで、語呂が可愛いねと二人で決めました。そこからペルシッカが鹿っぽいということで鹿をロゴにいれました」なるほど、よく見るとロゴの鹿角には大きな桃が実ってる。

「まさか自分が地方に住むとは思っ

てませんでした」と語る恵豊さんは東京出身で、「娘を遠くに嫁がせては、寂しいと思ったので私が来ることにしたんです」と2010年に仙台に引っ越してきた経緯を語ってくれた。義父が定年を機に出身地の丸森町にUターンしたのに合わせて、ここに店を構えることとなったのだという。駐車場が広く、車は1人1台が当たり前のこの地域ではありがたがられることが多い。北欧をイメージした店内にはログハウスは窓やドアが全て特注で、ダッチウエストの薪ストーブが鎮座している。バッグやインテリア雑貨の販売コーナーもあり、一つひとつにセンスの良さがうかがえる。

メニューや素材についてもあえて地元の食材や郷土料理などにとらわれない。一番人気のカレーですら、

特別な材料は一切使わず、どこでも手に入るもので美味しく仕上げる。「こだわらないのがこだわり」なのだろう。

私が虜になってしまったのはチーズケーキ。ふわふわの食感でフォークから融け落ちてしまうのではないかと思うほど柔らかい。ゼラチンを使わず、ホイップクリームとマスカルポーネチーズの絶妙なバランスで成り立っている。ケーキによく合うコーヒーは大和町の杉山台工房に万人が美味しく飲みやすいようブレンドしてもらったものだ。色とりどりのコーヒーカップは、恵豊さんが覚えている限り常に違うカップで提供しているという。特別なことにこだわらないけれど、特別な気分になれるカフェ……愛されるはずだ。

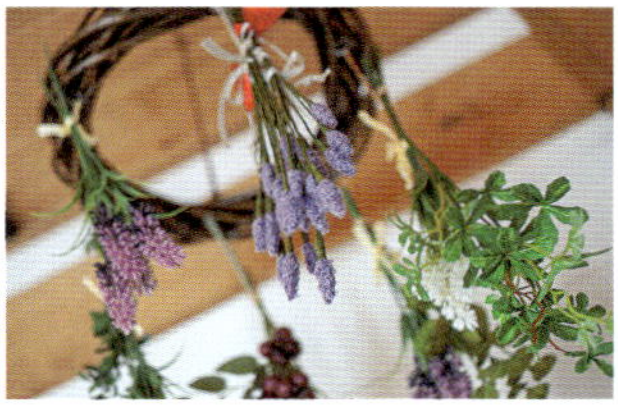

MENU

ブレンドコーヒー　450円
ホットティー　450円
チーズケーキ　400円
チーズケーキセット　700円
ペルシッカ特製カレー　550円

住所　〒981-2152 伊具郡丸森町字鳥屋44-1
電話　0224-51-8677
営業　8:00〜19:00
　　　日曜定休
Ⓟ7台
MAP　P138㉕、P141㉕

KEN-NAN
県南

O's cafe

オズカフェ

摩訶不思議な空間を作り出す
大河原の二人の魔法使い

〝オズ〟と聞いて私が真っ先に思い描くのはエメラルドの都とルビーの靴だが、「O's cafe」はその斜め上を行く不思議の国だった。半分、蔦に覆われた白い店。引き戸をガラガラと開けると、天井から金管楽器が束になってぶら下がり、ベルに組み込まれたスピーカーから音を鳴らしている。「お好きな席へどうぞ」とオーナーの大友文紀《ふみのり》さんに促されて、一番奥のキッチン近くのカウンターへ座る。オズブレンドのＭＯＥを注文すると、大友さんが目の前で挽いてくれる。キノコが生えた民族楽器のようなドリップ台で一杯ずつハンドドリップで淹れられた珈琲の香りが満ちると同時に相棒の岡崎和実《かずみ》さんがベーグルのオープンサンドを運んできてくれた。低温調理で一晩かけて仕込む自家製ローストポークと

ふわふわのバターがのったオープンサンドは何ともフォトジェニックだ。
「40歳のとき、これでいいのかと思って、昔からやりたかったカフェをやろうと思いました。地元でやりたかったし、何より大河原にはカフェらしいカフェがなかったので」と、会社を辞めて二人で地元愛にあふれるこのカフェを生み出した。
古道具と物作りが大好きだという二人は、10年以上、空テナントでボロボロだった店舗を半年かけてコツコツとリフォーム。「岡崎はエイジング塗装が本当に上手いんです」と、岡崎さんが塗り直した椅子やテーブルを見せてくれたが、私の目には本物のアンティークにしか見えなかった。今では古道具の販売も行っている。ドリンクは大友さん、料理は岡崎さんの担当。岡崎さんは「知り合

いのカフェで食べたオープンサンドが美味しくて、これだ！と思ったんです。家で作るにはちょっと面倒な料理をお腹いっぱい食べてほしくていろいろ努力しました」と語る。ガラス製のスプーンごと冷やし固めた二重奏プリンは、注文のたびに生クリームとリンゴのワイン煮を薔薇の形に盛り付ける。プリンは持ち帰りも可能で、こちらにも同様にデコレーションを施してくれる。なんとも丁寧で、美しい手仕事だろうか。

最後に店の名前の由来を聞いてみた。「大河原・大友・岡崎の頭文字がOだったので、Oたちのカフェという意味合いです」と二人から口々に答えが返ってきた。2017年秋に始まった3つのOが織りなすオズの物語は、まだ始まったばかり。

MENU

コーヒー（オズブレンド　MOE）　350円
ジュピターバナナスムージー　580円
ベーグルのオープンサンド　950円

住所　〒989-1242柴田郡大河原町西浦49-5
電話　0224-53-5939
営業　11:00～16:00
　　　火曜定休
P5台
MAP　P138㉖、P140㉖

KEN-NAN
県南

Kuriya Coffee Roasters

クリヤ コーヒー ロースターズ

自然豊かな川崎町で味わう
絶品スペシャルティコーヒー

山形道川崎ICから車で5分、のどかな田園風景の中に白いのぼりが目印。外観はよくある田舎の民家だ。縁側には川崎町で作られたクラフト雑貨が並んでいる、テーブル席の一角にはキッズスペースも。テーブルにメニューはなく、カウンター横の黒板を見たが、豆の産地が買いてあるだけで思わずポカーンとしていると、カウンターから栗谷将晴《くりやまさはる》さんが出てきた。「今日のおすすめは……」と、黒板に描かれたコーヒーを一つずつ説明してくれる。コーヒーに詳しくなくても、好みを伝えれば将晴さんが選んでくれる。

　サラリーマンだった頃から、自宅で焙煎するほどコーヒーが好きだった将晴さんが妻の愛さんと仙台の北四番丁で最初のカフェを始めたのが2014年。「4年やって気づいた

のは、すごく大変だということ」と、将晴さんが当時を振り返る。「そろそろ郊外に移転しようか」と悩んでいた頃、サラリーマン時代の縁でみちのく杜の湖畔公園の古民家カフェイベントの相談が舞い込んできた。打ち合わせで川崎町へ通ううちに移住を考えるように。現在の店舗での営業を始めたのは2019年1月。

将晴さんこだわりのスペシャルティコーヒーは、フレンチプレスで淹れている。「フレンチプレスは豆の味がダイレクトにでるんです、それにコーヒーオイルが出て美味しいですよ～」と益子焼きのカップに注いでくれた。フレンチプレス特有の濁ったコーヒーはとてもフルーティーで芳醇な香りが楽しめる。カフェインレスコーヒーもあるので、カフェインを控えている人もスペシャル

ティコーヒーを味わえるのが嬉しい。
かつて国分町で飲食店を切り盛りしていた愛さん自慢の日替わりランチに使われる野菜やハーブのほとんどが、栗谷さん夫婦が店舗横の畑で育てたものだ。それ以外の野菜、卵、果物とお米もご近所や川崎町内で収穫されたものにこだわっている……と、いうよりもすべて川崎町で揃ってしまうのだ。
「川崎の人々が助けてくれたから、恩返しがしたい」という将晴さんの話を聞いていると、川崎町に移住してから愛さんにできた親友一家が将晴さんの誕生日プレゼントを渡しにやってきた。秋田県出身なのに川崎町を地元と呼ぶ栗谷夫妻がどれだけ川崎町の人々に愛されているのかよくわかる。今後、栗谷夫妻の恩返しがどんなものになるのか楽しみだ。

MENU
コーヒー　520円〜
エスプレッソ　520円
自家製チーズケーキ　420円
日替わりランチ　1320円
ランチコーヒー　310円〜

住所　〒989-1503 柴田郡川崎町川内佐山11-1
電話　0224-88-9019
営業　10:00〜16:00
　　　火・水曜定休
Ⓟ5台
MAP　P138㉗、P140㉗

COLUMN 3

宮城蔵王キツネ村

ミヤギザオウキツネムラ

世界中から観光客を招く
モフモフの楽園

これを読んでいるあなたは、キツネはお好きだろうか？ 黄金色に覆われた、ふわふわの尻尾を持つキツネが好きじゃない人に私はあったことがないが、実際に間近で見たことがある人は多くないだろう。私もそうだった。

宮城蔵王キツネ村には6種類・100頭以上のキツネが放牧されている。斜面になっている場所も多く、土がつくので歩きやすい靴がおすすめ。放牧専用エリアに入ってまず目に入ったのは地面に丸まって昼寝をしているキツネたちだ。人間に構うことなく自由に気ままに暮らしている。完全人工繁殖のためエキノコックス症に感染する心配はない、通年を通してキツネの抱っこ体験が可能で、5月頃には可愛い赤ちゃんキツネを抱っこすることができる。

世界でも稀なこのキツネの楽園を求めて、今では世界中から観光客が訪れている。飼育員さんのおすすめはキツネたちが冬毛になる時季（10月〜4月）だ。丸いシルエットのモフモフのキツネを見れば、蔵王の厳しい寒さも忘れてしまうだろう。

住所　〒989-0733 白石市福岡八宮字川原子11-3
電話　0224-24-8812
営業　夏季　9:00〜17:00（入場は16:30）
　　　冬季　9:00〜16:00（入場は15:30）
　　　水曜定休（祝日の場合は営業）
Ⓟ200台
入場料　大人（中学生以上）1000円　小学生以下無料
MAP　P138 C3、P141 C3

KEN-POKU
県北

KEN-POKU
県北

CAFE LARK ＋

カフェラークプラス

昭和から令和へ受け継がれた
シャンデリアが見守るカフェ物語

古川の台町商店街から1本入った路地に、30年以上前からラークという名の喫茶店があった。天井にはシャンデリア、フロアには噴水というなんとも昭和感あふれる喫茶店は、2013年にモダンな内装と少しふくよかなひばりのロゴが目印の「CAFE LARK＋」として生まれ変わった。エスプレッソマシーンから点滴のように、ポタリ……ポタリ……とカップに注がれるエスプレッソを真剣な眼差しで見つめているのは初代店主の義娘の三浦千恵子さん。独身時代は接客業、保育士を経験した千恵子さん「このカウンターに立つまで色々ありました」と一笑した。その発端は夫婦で訪れた仙台市泉区の「La《ラ》 Casa《カーサ》 del《デル》 Caffè《カフェ》 BAL《バル》 MUSETTE《ミュゼット》」で飲んだエスプレッソの衝撃的な美味しさだった。

「エスプレッソに砂糖を3杯入れてジャリジャリして飲むのがおすすめです」と千恵子さん。
ダブルショットのエスプレッソに思い切ってスプーン3杯の砂糖を入れてみる。スプーンですくって口に運ぶと溶け切れない砂糖の粒がジャリジャリと音を立てる。甘い砂糖をほろ苦いエスプレッソが包み込む。同時に香ばしさが鼻腔をくすぐった。こんなにエスプレッソが美味しいと思ったのは初めてだ。
「古い昭和の喫茶店だったので特にシャンデリアのクリスタルに付いた長年の汚れを取るのが本当に大変でした」と。カウンターにタイルを貼りつけ、漆喰を塗ったのも千恵子さん。彼女が制作したタイルのミニテーブルが店頭で使われている。
「コーヒーは美味しくて当たり前の

もの。だから、美味しいものしか出しません」
実家は約70㎞離れた石巻市雄勝町の千恵子さん。最近では時折、三陸沿岸部から取り寄せたタコや海苔を使ったキッシュやサンドウィッチが登場するようになった。自分ができるのは美味しいコーヒーをテーブルに運ぶところまで、コーヒーと一緒にこの空間と時間をどう過ごすかはお客様次第というのが、千恵子さんのスタンスだ。ぜひ、その日に合わせたレシピで出されるエスプレッソをお供にここでの時間を楽しんでほしい。

MENU
エスプレッソ　462円
カフェラテ　520円
自家製レモネード　500円
ベイクドチーズケーキ　440円

住所　〒989-6143大崎市古川中里1丁目4-8
電話　0229-23-4624
営業　水〜金　11:00〜15:00(L.O. 14:30)
　　　土・日　11:00〜17:00(L.O. 16:30)
　　　月・火曜・祝日定休、他不定休
Ⓟ4台
MAP　P138㉘、P141㉘

KEN-POKU
県北

英国茶房 森栖

エイコクサボウ　モリス

森の中の小さな英国で味わう
至極のアフタヌーンティー

キャンドール作家ヨウル・プッキさんに誘われて、訪れたのは大崎市の岩出山。古い住宅街を抜けて、車を走らせていると、森と森の間の小さな隙間に突如として現れた小さなユニオンジャックの外燈と、イギリス風の建物。突然、イギリスの田舎にワープしたような感覚を覚えた。

「マナーに厳しいバトラーが出てきそうだな」と、緊張してドアを開けると優しい声が出迎えてくれた。

「いらっしゃいませ、暖炉前のお席にどうぞ」と、ソファ席へと招かれた。暖炉上の燭台に灯された蝋燭の火がゆらゆら揺れ、蓄音機のベルを照らしている。佐藤里佳さんは以前、太白区の日本平でガラス工房「Le・Bleu」と「ひとつぶカフェ」を営んでいた。ガラス工房「Le・Bleu」は、プッキ先生が初めて個展を開いた思い出深い場所だという。

太白区のカフェを閉め、岩出山の地に地下約１００ｍの岩盤まで井戸を掘ったのは紅茶に最適な硬度の美味しい水を求めた結果だった。目指したのはイギリスの田舎で家族が営むティーハウス……古びた佇まいを出すために内・外装の細かい仕上げは自分たちの手で行った。

「こちらからお好きなティーカップをお選びください」

プレミアムティーセットを注文するとキャビネットの中からお気に入りのティーカップを選ぶことができる。それだけで特別な気分になれて嬉しい。

しばらくすると、夫の直行さんが押すワゴンにのった3段重ねのティースタンドとティーポットが運ばれてきた。他のテーブルからも「わ

ぁ！」と歓声があがる。1段目には天然酵母のパンを使ったサンドイッチ、2段目はクロテッドクリームとジャムが添えられた自家製スコーン、3段目にはデザートが3品、一つひとつが宝石の様にキラキラ輝いて見える。

「食べるのがもったいない」と言いながら写真撮影に夢中になってしまった。テーブルに並ぶアフタヌーンティーセットが『不思議の国のアリス』のお茶会のようだと、SNSで話題になり、土日祝日は常に予約で満席。

岩出山に小さなイギリスを作り出した夫婦の情熱は、仙台の老若男女にしっかりと伝わっているようだ。

MENU
ブリティッシュ・トラディショナル
・ミルクティー　850円
アールグレイ　760円
ケーキ・セット　1350円
プレミアム・ティーセット　2280円

住所　〒989-6444大崎市岩出山細峯50-100
電話　0229-72-1708
営業　11:30〜17:00（L.O. 16:20）
月〜水曜定休、1〜2月初旬は冬季休業
Ⓟ5台
※未就学児の入店はご遠慮ください
MAP　P138㉙、P141㉙

KEN-POKU
県北

cafe かいめんこや

商店街の過去と未来をつなぐ
みんなのお茶の間

　栗原市栗駒の中心部、六日町通り商店街に足を踏み入れると色あせた看板と、錆びたシャッターが目に飛び込んできた。約４００ｍの通りに小さな商店が並び、かつて細倉鉱山が栄えていた頃の賑わいが容易に想像できる。その中でも、ひときわ古い木造の建物がある。江戸時代から作られていた軟膏目薬「開明香《かいめいこう》」を販売していた菅原薬舗だ。地元の人々から「カイメンコヤさん」と呼ばれて親しまれていたが、いつしか空き家になり、もはや取り壊されるのを待つだけだったその建物は２０１５年に「cafe かいめんこや」として生まれ変わった。

　薬やたばこが陳列されていたガラスケースに、今はスコーンなどの焼き菓子が並んでいる。店の一角には食器や古道具が売られているが、よ

く見ると誰かのメガネや、一昔前に流行った玩具など、フリーマーケットのようだ。
コーヒーと一緒に注文した開明香カレーを、韓国の柄の細いスプーンで口に運ぶとプチプチと口の中で何かが弾けた。段ボール製の蝶ネクタイがお似合いのオーナー杉浦風ノ介さんに聞くと、陳皮をはじめとする14種類のスパイスが入っているそうだ。その不思議な食感を楽しんでいると「ごめんくださーい！　これ焼いたから食べてみて～」と、弾む声が入り口から聞こえてきた。毎日コーヒーを飲みにくるご近所さんだ。瞬く間に、店内に居た全員にお手製のケーキが振る舞われた。突然目の前に置かれたケーキに目を丸くしていると、「ここはカオスでしょ～」と杉浦さんがニコニコしている。お茶っこを

しに通う近所の人たちと、遠方から来店するカフェ好きの人たちでにぎわう様子は確かに混沌。そして店内を見渡してみても、古道具に混ざって縄文土器が置いてあったり、壊れた壁がレゴブロックで埋められていたり、それが面白くて長居しても飽きることがない。

　取材当時「夜も飲んで、雑魚寝ができたら良いかなと思うので、2階を直そうと思っています」と言っていた杉浦さんは、1年後、本当に2階も直していた。

「養鶏場の鶏で焼き鳥屋をするとか、もともとこの地にある資源を活用して、この商店街をどんどん賑やかにしていきたいんです」

　地域おこし協力隊・栗駒六日町通り商店街シャッター開ける人!!と共に挑戦を続けている日々だ。

MENU

今日のコーヒー　400円
紅茶　350円
ダイダイジュース　300円
カレーセット　1300円
おやつセット　550円

住所　〒989-5301 栗原市栗駒岩ケ崎六日町86
電話　090-1169-1523
営業　11:00〜19:00
　　　水・木曜定休
Ⓟなし（近隣に駐車場あり）
MAP　P138㉚、P141㉚

KEN-POKU
県北

風の沢ミュージアム CAFE

アートと自然の中で味わう至福の時間とコーヒー

２０２０年11月に宮城県の登録有形文化財に登録された旧高橋家住宅を中心に、美術館、ギャラリー、カフェ、小劇場と里山公園からなる「風の沢ミュージアム」。板倉の前で看板猫のこぅちゃんが私と娘を待っていた。その丸い背中についていくと、高い天井と窓がとても開放的な、横浜で買い付けたアンティークの椅子とテーブルが並ぶカフェにたどり着いた。

カウンターでメニューを見ていると「フランスドックと里山カレーがすすめだよ」と、ロマンスグレーの長髪が素敵なマスターの半澤さんが奥からやってきて教えてくれた。注文をすませると、美しい所作で半澤さんがフランスパンをトースターに滑りこませた。フランスドックはレモンとバジルが効いたソーセージが

食欲をそそる、言わば大人のホットドッグ。ポルチーニ茸と4種のきのこが入った濃厚なデュクセルソースの里山カレーは、昭和の風情がただようグレイビーポットに入ってきた。それを登米産のひとめぼれにかけ頬張ると、口いっぱいにきのこの香りが広がった。食の細い娘が里山カレーをパクパクと食べているから美味しいのがよくわかる。「せっかく栗原まで来るなら、美味しい料理が食べたいでしょ」と半澤さんがカウンターで笑っている。

旧高橋家住宅の前には、手押しポンプの井戸があり、子供たちは大はしゃぎ。それを受付のカウンターから猫のこぅちゃんが目を細めて見ている。おむつ替えスペースもあるので、子供連れも楽しめる。古民家と現代アート、そして縄文土器。栗原はまだ私が知らない魅力で溢れている。

MENU

コーヒー　400円
カフェオレ　500円
フランスドック　600円
里山カレーセット　1,200円

住所　〒987-2302 栗原市一迫片子沢外の沢11
電話　0228-52-2811
営業　土・日・祝のみ営業
11:00～17:00(10月は16:00まで)
11月～4月中旬冬季休業
Ⓟ10台
MAP　P138㉛、P141㉛

KEN-POKU
県北

みんなのカフェtetote

自然農法の野菜がくれた「安心」と「美味しい」の贅

トマトやナスが顔を出している。暇さえあれば畑の草をむしっている私の祖母が見たら卒倒してしまいそうなほど草が生い茂った畑。水稲も黄金色の稲穂がこうべが垂れていなければ、農家の長女である私ですらイネ科の雑草と見分けが付かない。

「うちの野菜は味が濃いんです」。

同じ登米市内の佐沼で愛されていた「cafe minnesota」のもと、オーナー菊地雅人さんは、震災の翌年、子供が生まれたことをきっかけに食材を見直しはじめた。

「無農薬の野菜を使いたいが、自分が欲しいと思う農法で作られた野菜がなかなか手に入らなくて、いっそ自分でやろうと思ったんです」

人生で初めての農作業を始めるためにカフェを閉めた。

農薬はもちろん堆肥も使わない。

はえてきた雑草が自然と枯れてそれが土に還るだけ。畝は一度作ったら崩さずそのまま使い、虫とそれを食べにやってくる野生動物が共存して野菜を育ててきた。

　震災後に新しいカフェをオープン。福島の子どもたちの保養施設として使われていた「手のひらに太陽の家」で、自然農法で作った野菜をふんだんに使った定食を提供する新しいカフェだ。

　靴を脱いで上がると、木のぬくもりにあふれた広い店内はテーブル席と座敷席を囲むように、子供用の玩具と絵本が置いてある。ベビーバウンサー、授乳室も完備している。2階にはたくさんの図書があり、天井からぶら下がったハンモックで読書を楽しめる。雅人さん自身が子連れ外出で不便を感じた経験を生かし、

子供が暇を持て余すこともなく、親はゆっくり食事が楽しめる。ほっとできる空間だ。

取材当時、妊娠8カ月だった私が「カフェインレスコーヒーはありますか？」と聞くと「うちのコーヒーは基本的にカフェインレスです」と返事が返ってきて驚いた。今でこそ、カフェインレスコーヒーは定番になりつつあるが、当時は扱っている店が少なく、毎日コーヒーを飲むのを我慢していたのだ。妊娠中も気兼ねなく大好きなコーヒーを飲めるというのは、本当にありがたい。コーヒーのお供には米粉入りワッフル。豆乳ホイップが使われているのでこちらも授乳中でも安心して楽しめるスイーツだ。

広い店内を生かして、カジュアルウェディングの会場としても使われ

ている。もともと仮設住宅として作られた宿泊施設があるので、遠方からのゲストの宿泊も心配ない。子供も大人も楽しめるワークショップやイベントも積極的に行っており、その名の通り、全ての世代が安心して食事と遊びを楽しめる〝みんなのカフェ〟として愛されている。

MENU

カフェインレスコーヒー　400円
サンドイッチ　880円
里山のおひるごはん
　1490円(要予約)
米粉入りワッフル　550円

住所　〒987-0702 登米市登米町寺池字辺室山17-1
電話　080-8159-2716
営業　11:30〜16:30、18:00〜21:00(夜は予約のみ)
　月・金曜定休
Ⓟ10台
MAP　P138㉜、P141㉜

KEN-POKU
県北

精進スイーツ結び

卵・乳製品・白砂糖を使わない
からだに優しいお菓子とパンの店

自然豊かで水がおいしく、米も野菜も美味しい登米市。そこに、精進料理のように卵や乳製品、動物性食材、白砂糖をいっさい使わないマクロビオテックとビーガンのお菓子を作る店ができた。

「昔から、いつか自分の店を地元で開きたい」と宮城県内で飲食店やパティシエ修業を積んできた熊谷《くまがい》桂子《けいこ》さんは「食を通して地元の人々に貢献する」という志のもとに、2014年に「精進スイーツ結び」をオープンさせた。

かつて熊谷さんが全国チェーンの飲食店で働いていた時、子供用メニューの中でもアレルギー対応のメニューがよく出ることに気が付いた。みんなと同じものを食べたくても食べられないことは子供にとってストレスにもなる。かといって、体に良

いからと美味しくない物を毎日食べ続けることもストレスになる。

「おいしくて見た目も可愛いビーガンスイーツを提供できたら」と、ナチュラルフードや米粉マイスターの資格を取り、熊谷さんは試行錯誤を繰り返した。

「最初はケーキがふんわり焼けなくて大変でした」

店頭で売っている焼き菓子も、卵と乳製品は不使用。豆乳・甘酒・アガベシロップを使ったビーガンソフトクリームを宮城では唯一販売している。それらを買うために東京からくる家族もいたという。

「アレルギーを持っている子がお母さんに連れられて来店した際『ここにあるお菓子は全部食べても大丈夫』と言われ『え！　どれを選んでもいいの？』と、とびきりの笑顔を見せ

てくれると本当にうれしいです」
　カフェメニューは旬の食材を生かした、体に優しく地元食材を使ったランチやデザートが楽しめる。週１回開催のクッキング教室は、アレルギーを持つ子供の親や、体に良いものを作りたいという主婦や一人暮らしの方も多く通っている。「食生活を見直すきっかけ作りの場所になればいいですね」と熊谷さんは話す。
　最近では天然酵母と国産小麦を使ったパンも人気、予約をすれば米粉１００％のパンも販売している。熊谷さんの努力の結晶である焼き菓子は、今、登米市のふるさと納税返礼品として地元に貢献しており、開店5周年の節目に登米のお土産になるようなクッキー缶を作る予定だ。

MENU
有機三年番茶　430円
結びブレンド有機コーヒー　500円
季節のフルーツスムージー　510円
季節のパルフェ　950円〜
マクロビランチ　1000円〜

住所　〒987-0601 登米市中田町石森入道坂5
電話　0220-23-9070
営業　10:00〜19:00
　　　火・水曜定休
Ⓟ4台
MAP　P138㉝、P141㉝

KEN-POKU
県北

お寺cafe 夢想庵

大正ロマンの風情と七不思議珈琲に心癒されるお寺のカフェ

国道45号線から看板を頼りに道を曲がると、大きな赤い鳥居の下に道路が続いている。ここは1300年の歴史を持つ柳津虚空蔵尊《やないづこくぞうそん》。季節の花が敷き詰められた花手水、数えきれないおみくじとお守り、そして七不思議……まるでお寺のテーマパークだ。山門をくぐって境内を歩いていると、蝶々が飛び回っている。そして花手水で手を清めて顔を上げると、七不思議の玉こぶのけやきの向こうに暖簾が見えた。「境内からスキップで30秒♪」と紹介されているのは「お寺cafe 夢想庵」、直感的に素敵なカフェに違いないと確信した。

暖簾をくぐって、ガラガラと戸を開ける。ミドルジャズが流れる店内は畳の上にアンティークのテーブルと椅子が並ぶ大正ロマン風。店内を彩る押し花は南三陸町で被災した

佐々木政子さんたちの作品、ステンドグラスは石巻在住のステンドグラス作家の四倉有香子さんが作ったもの。昭和に建てられ、空き家になっていたこの建物を2012年大晦日に蕎麦処夢想庵からはじめ、大正ロマン漂うカフェに作り上げたのは宝性院・寺庭の杉田《すぎた》史《ふみ》さんだ。

境内を見渡せるテーブル席に着いて、メニューを開くと……御祈禱済みの蕎麦を使ったやくよけそば、お釈迦様の頭を模した釈迦ソフト、毘沙門カプチーノに南無南無フロートと、食べるだけでご利益のありそうなメニューばかり。仙台麩パフェと七不思議珈琲を「お待たせいたしましたぁ～！」と、運んできてくれた史さんが「この珈琲はね花手水に流れているのと同じ黄土山の黄金水で淹れてるから美味しいの！」と教えて

くれた。珈琲豆は震災支援でご縁のある文京区の「自家焙煎Caféちゃんと」から仕入れている。仙台麩パフェは山のように高く盛られた餡子、生クリームを仙台麩かりんとう・チーズケーキ・白玉・りんごのコンポートが囲み、その下にはアイスと抹茶ゼリーが層をなすボリュームの凄さ。さらにおみくじまで付いてくる。「次はね、離れを南フランス風にリノベーションして物販も始めようと思うの」と語る史さんはとても楽しそう。会計を済ませて帰ろうとすると「右肩をだしてください」と呼び止められ、カンッカンッ!と火打石の火花が散る。「邪気払いです」と史さん笑顔で送り出してくれた。大きな鳥居の左側を通って帰路につく頃には、お腹も心も満たされて幸せな気分になっていた。

MENU

七不思議珈琲　650円
弁天ココア　650円
やくよけそば　800円
仙台麩蒲焼丼　800円
仙台麩パフェ（おみくじ付き）　980円

住所　〒986-0401 登米市津山町柳津大柳津63
柳津虚空蔵尊境内
電話　0225-68-2079
営業　10:00〜15:30
(L.O. Food 14:30 / Drink&Sweets 15:00)
木曜定休
Ⓟ100台
MAP　P138㉞、P141㉞

おわりに

「カフェの本つくらない?」

２０１５年の冬。「お茶いく?」くらいの軽い感じで、『横浜カフェ散歩』と『葉山・鎌倉カフェストーリー』の著書でライターのMARUさんから連絡をもらったのが、この本の始まりでした。カメラマンという仕事は裏方で、撮影しても名前が載らないなんてこともザラにある。だから、自分の名前で出版できるチャンスが到来して、飛び上がるほど嬉しかったのを今でも覚えています。20代の頃、仙台と横浜のフリーペーパー編集部にいたので、カフェの取材は何度もやったことがあるし、むしろ、大好きな仕事でした。だけど、カフェの選定、下見、アポ取り、インタビューに原稿書きまで、一から全部一人でやるというのは想像以上に大変なことのように思え、不安でいっぱいでした。

それに加え、やっと取材を始めた２０１６年春に妊娠がわかり、大きなお腹を抱えて宮城県を北から南まで駆け回ることに……。出産後は、赤ちゃんが寝ている横で原稿を書き進めようと思っていたものの、育児と執筆の両立は難航。紆余曲折あって、完成までに3年もかかってしまい、ご協力いただいたカフェの皆様には多大なご迷惑をおかけしました。ただ、妊娠中にいただいた美味しいカフェごはん&スイーツで育った娘は健康体そのものです。本当にありがとうございます。

本文では書ききれないほど、それぞれのカフェに物語がありました。取材を通して感じたのは、やりたいことを実現するのに、早いも遅いもないということ。やりたいと思った時が吉日だということ。私もあの時「本つくりたいです！」と二つ返事でやって、本当に良かったと思っています。

改めまして、取材にご協力いただきました全てのカフェの皆様に心からお礼申し上げます。そして私に本をつくるきっかけを与えてくれたMARUさん、なかなか執筆が進まない私を引っ張ってくれた編集者の池田雪さん、妊娠中の私を心配して取材同行してくれた妹でイラストレーターのアベナオミ、本を素敵に彩っていただいたデザイナーの大村政之さん、本当にありがとうございました。

カフェの多くは、震災後にできたものです。２０１１年3月11日、私は東京に住んでいました。テレビから流れる見慣れた町の惨状を、ただ見つめることしかできなくて。あの瞬間に何も役に立てなかったことを今でも悔やんでいます。

だからこそ、この本が、東日本大震災の被災地を訪れるきっかけになれば幸いです。

２０１９年7月　阿部和美

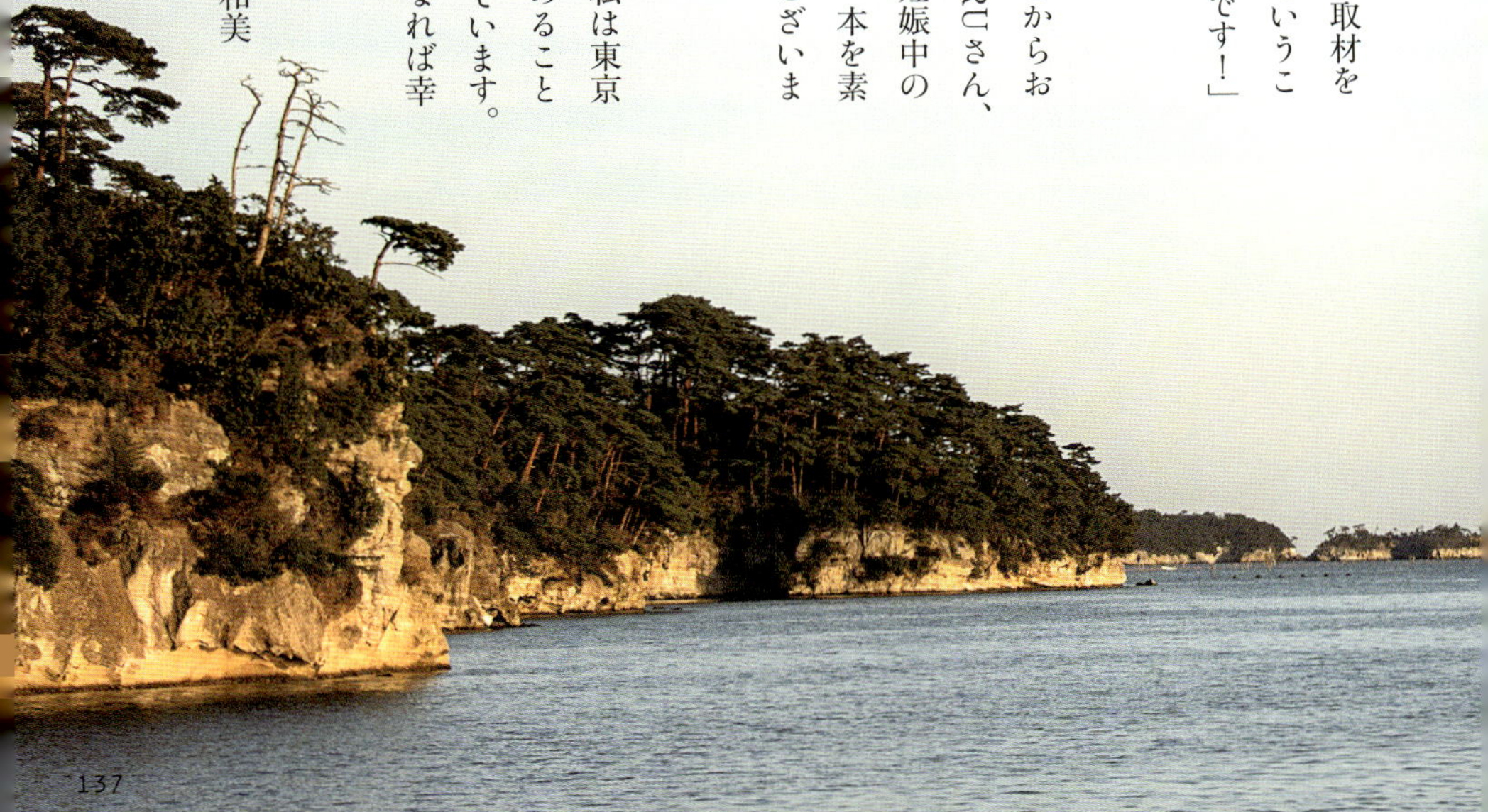

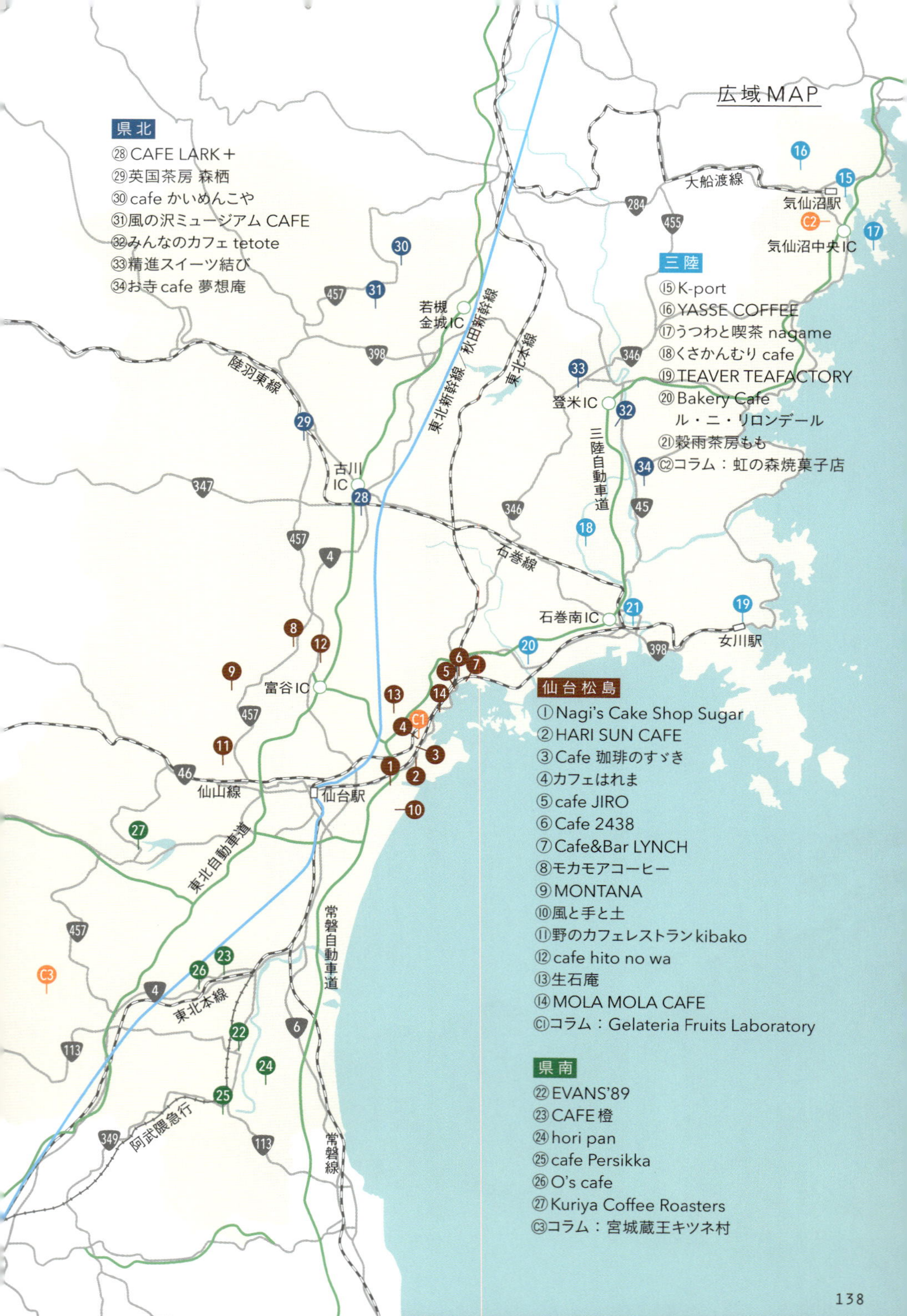
広域MAP
県北
㉘CAFE LARK＋
㉙英国茶房 森栖
㉚cafe かいめんこや
㉛風の沢ミュージアム CAFE
㉜みんなのカフェ tetote
㉝精進スイーツ結び
㉞お寺cafe 夢想庵
三陸
⑮K-port
⑯YASSE COFFEE
⑰うつわと喫茶 nagame
⑱くさかんむり cafe
⑲TEAVER TEAFACTORY
⑳Bakery Cafe
ル・ニ・リロンデール
㉑穀雨茶房もも
Ⓒ2コラム：虹の森焼菓子店
仙台松島
①Nagi's Cake Shop Sugar
②HARI SUN CAFE
③Cafe 珈琲のすゞき
④カフェはれま
⑤cafe JIRO
⑥Cafe 2438
⑦Cafe&Bar LYNCH
⑧モカモアコーヒー
⑨MONTANA
⑩風と手と土
⑪野のカフェレストランkibako
⑫cafe hito no wa
⑬生石庵
⑭MOLA MOLA CAFE
Ⓒ1コラム：Gelateria Fruits Laboratory
県南
㉒EVANS'89
㉓CAFE橙
㉔hori pan
㉕cafe Persikka
㉖O's cafe
㉗Kuriya Coffee Roasters
Ⓒ3コラム：宮城蔵王キツネ村
大船渡線
気仙沼駅
気仙沼中央IC
若柳金成IC
東北新幹線
秋田新幹線
東北本線
陸羽東線
登米IC
三陸自動車道
古川IC
石巻線
石巻南IC
女川駅
富谷IC
仙山線
仙台駅
東北自動車道
常磐自動車道
東北本線
阿武隈急行
常磐線

惣の関下
溜池
13 生石庵（P50）
キリスト教森郷
キャンプ場
40
8
勿来川
利府中IC
271
宮城利府
掖済会病院

6 Cafe 2438
(P24)
45
七十七銀行
高城町駅
松島駅
松島郵便局
27
7
Cafe&Bar
LYNCH
(P26)
松島第一小
5 cafe JIRO（P20）
松島海岸郵便局
ザ・ミュージアム MATSUSHIMA

仙台港IC
キリンビール
仙台工場
しらとり幼稚園
1
Nagi's Cake Shop
Sugar（P8）
七北田川
10
照徳寺
10
風と手と土
（P38）
荒浜海岸公園

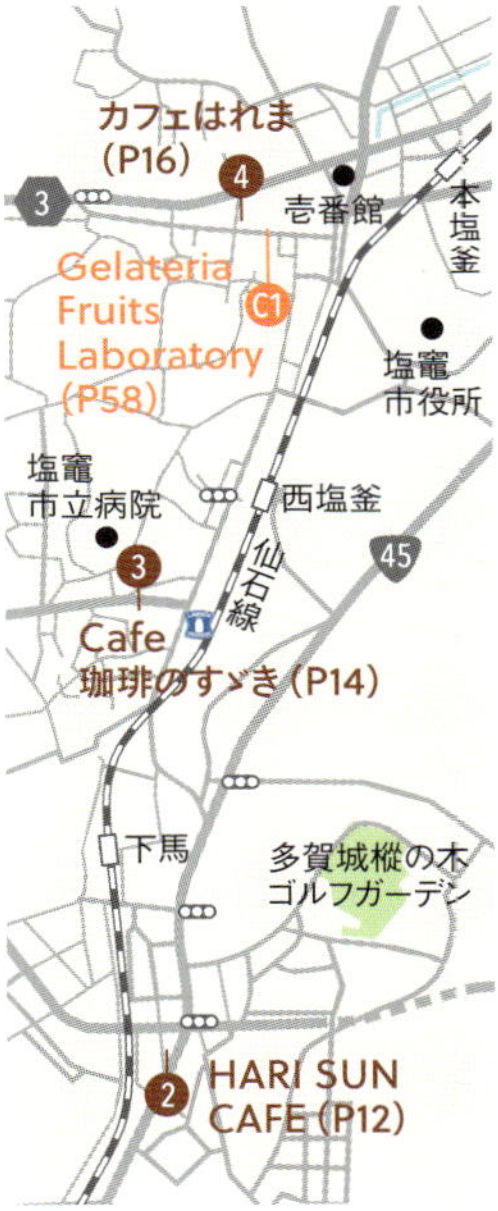

カフェはれま
（P16）
4
3
壱番館
本塩釜
Gelateria
Fruits
Laboratory
（P58）
C1
塩竈
市役所
塩竈
市立病院
西塩釜
3
仙石線
45
Cafe
珈琲のすゞき（P14）
下馬
多賀城桜の木
ゴルフガーデン
2
HARI SUN
CAFE（P12）

陸前浜田
浜田
漁港
45
14
MOLA
MOLA
CAFE
（P54）
岩井島
仙石線
つばめザ・ウィング
東塩釜
塩釜新浜町
郵便局

七ツ森湖
8
大和町
総合体育館
47
457
モカモア
コーヒー（P30）
cafe
hito no wa
（P46）
457
4
12
富谷IC
富谷JCT

野のカフェ
レストラン
kibako（P42）
457
西仙台
カントリー
クラブ
11
55
広瀬川
愛子
陸前落合
48

9
MONTANA
（P34）
457
いずみ
霊園
263
福岡小
東泉寺
七北田川
泉国際ゴルフ
倶楽部

三陸エリア

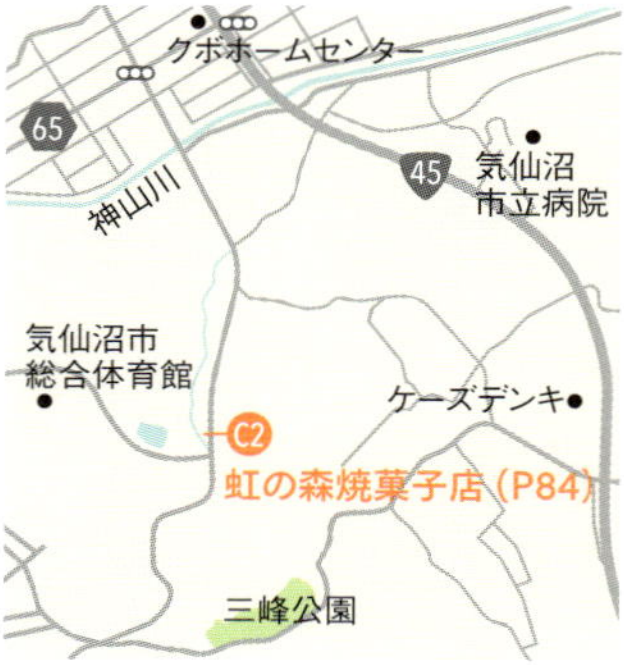
クボホームセンター
65
45
神山川
気仙沼
市立病院
気仙沼市
総合体育館
ケーズデンキ
C2
虹の森焼菓子店（P84）
三峰公園

月立保育所
16
YASSE
COFFEE
(P64)
284
八瀬川
新月
パーキング
284
大船渡線

気仙沼市役所
26
迎ムカエル
K-port
(P60)
15
気仙沼
お魚いちば

浦島大島IC
208
大島
大島中
小田の浜
海水浴場
17
うつわと喫茶
nagame
(P66)
GS
208

150
鳴瀬奥松島IC
鳴瀬桜華小
45
鳴瀬川
東松島
市役所
Bakery Cafe
ル・ニ・リロンデール
20
(P78)
陸前
小野

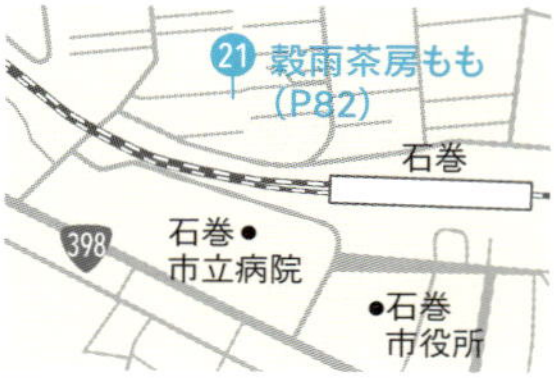
21
穀雨茶房もも
(P82)
石巻
398
石巻
市立病院
石巻
市役所

のの岳
旧北上川
21
中津山第一小
くさかんむりcafe
(P70)
18
神取郵便局
鹿島神社
和渕

女川
仙台銀行
シーパル
ピア女川
19
TEAVER
TEAFACTORY (P74)
45

県南エリア

東北新幹線
蔵王エコーライン
やすらぎホール
しばた
CAFE 橙
(P88)
23
イオン船岡店
仙南中央病院
4
白石川
船岡
150
船岡城址
公園
50
大河原町役場
日産プリンス
大河原
O's cafe
(P100)
26

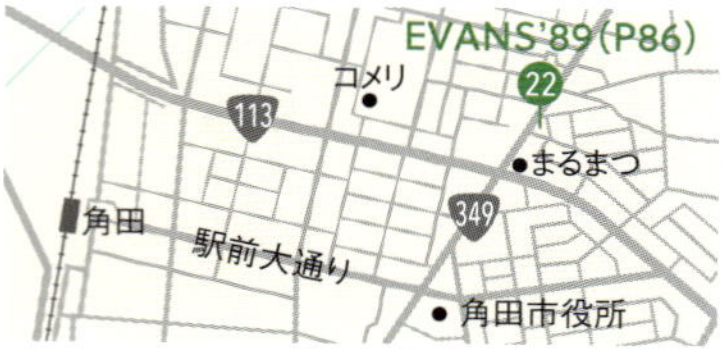
EVANS'89 (P86)
22
コメリ
113
まるまつ
349
角田
駅前大通り
角田市役所

Kuriya Coffee
Roasters (P104)
27
160
釜房湖
みちのく
公園
286
457
みちのく
杜の湖畔公園
宮城川崎IC
杜の公園ゴルフクラブ

457
栗駒小
cafe かいめんこや
(P118)
30
みちのく
風土館
17
457
コメリ
二迫川
17
42
八幡神社
31
風の沢ミュージアム CAFE
(P122)

226
岩出山
江合川
47
蛭沢川
29
英国茶房 森栖
(P114)
457
東陽寺
大久保製菓
西大崎

345
398
日産
プリンス
中田総合体育館
なかだアリーナ
33
精進スイーツ結び (P128)
佐沼
IC
北上川
とめそよかぜライン
201
4
登米IC
342
36
みんなのカフェ
tetote (P124)
32
登米総合体育館
(とよま蔵ジアム)

342
北上川
柳津
45
お寺cafe 夢想庵
(P132)
34
桃生津山
IC
柳津虚空蔵尊
45

ローソン
佐藤病院
28
CAFE LARK+
(P110)
大崎大通り
古川

51
C3
254
457
白石IC
宮城蔵王キツネ村
(P108)
113
4
白石
白石蔵王

丸森郵便局
cafe
Persikka
(P96)
25
丸森ロイヤル
ケアセンター
丸森町役場

道の駅
かくだ
272
枝野橋
44
阿武隈川
26
hori pan
(P92)
24
245
枝野小

さくいん

あ行

か行

さ行

た行

な行

は行

ま行

や行

PROFILE

阿部和美（あべ・かずみ）

カメラマン。1985年、宮城県生まれ。
日本デザイナー芸術学院仙台校卒業後、仙台・横浜のフリーペーパー編集部に勤務。その後、ジオ写真事務所に入社、森信英氏に師事。2011年5月に独立、2016年に長女を出産。現在は、広告・イベント記録撮影のかたわら、母校日本デザイナー芸術学院仙台校でフイルム実習の講師を務めている。

写真：阿部和美
コラムイラスト：アベナオミ
協力：MARU、アベナオミ
ブックデザイン：大村政之（クルール）
編集：池田雪（書肆侃侃房）

※本書の情報は、2021年6月現在のものです。価格は税込の表記です。発行後に変更になる場合があります。

仙台の杜カフェ海カフェ

2019年8月15日　第1版第1刷発行
2021年8月2日　第1版第2刷発行

著　者　阿部和美
発行者　田島安江
発行所　株式会社 書肆侃侃房（しょしかんかんぼう）
〒810-0041 福岡市中央区大名2-8-18 天神パークビル501号
TEL 092-735-2802　FAX 092-735-2792
http://www.kankanbou.com　info@kankanbou.com

印刷・製本　シナノ書籍印刷株式会社

ISBN978-4-86385-373-7 C0026

書肆侃侃房の本

「東京の森のカフェ」
棚沢永子

東京には緑が少ないとよく言われるけれど、そんなことはない。ちょっと目をこらせば身近なところにも自然は意外とたくさんみつけられるに違いない。少し郊外に足をのばして鬱蒼とした森の中を歩き回ったり、またささやかでも緑を大事にしている人たちと話したりするのはとても楽しい。豊かな自然に彩られた、新しい出会いの物語、36話。

A5判並製144ページ／オールカラー
本体1,300円＋税
ISBN978-4-86385-268-6

「夢みる巨大仏 東日本の大仏たち」
半田カメラ

大仏に恋した女性カメラマンが紹介する東日本の愛おしい大仏さまたち。日本一見つけづらい不動明王、グラマラスな体型の観音菩薩、岡本太郎が絶賛したプリミティブな石仏、波乗りする観音に、胎内で迷子になれる巨大仏まで。巨大かかしやビッグ七福神など「巨」なるものを紹介するコラム付き!!

A5判並製176ページ／オールカラー
本体1,600円＋税
ISBN978-4-86385-297-6

「葉山・鎌倉カフェストーリー」
MARU

次の週末は海と山の町へ。豊かな自然と素朴な人々に育まれた葉山、逗子、鎌倉のカフェで生まれた心潤す37の物語。

A5判並製144ページ／オールカラー
本体1,300円＋税
ISBN978-4-86385-323-2

「愛しの灯台100」
不動まゆう

流れ星が飛んできた尻屋埼灯台、150年間変わらぬ姿で海を見つめる神子元島灯台など、あなたもきっと会いに行きたくなる日本全国の灯台たち。灯台マニアが解説する、灯台の楽しみ方読本。

A5判並製208ページ／オールカラー
本体1,900円＋税
ISBN978-4-86385-437-6